売上そのまま

利益が3倍アップする！

数字が苦手な中小企業経営者のためのファイナンス入門

梅村 尚樹
Naoki Umemura

産業能率大学出版部

はじめに

この本を書き始めた2024年7月の前月末に、コロナ禍の2020年からスタートして4年間続いた実質無利子・無担保のいわゆる「ゼロゼロ融資」の貸出が終了しました。

コロナ禍の空前の金融支援策によって普段よりむしろ倒産件数が激減していた反動もあって、足元では倒産件数が急増しています。

そのような社会情勢下なので、仮に今の業績が順調であっても、将来に対して何らかの「お金に対する不安」を抱えている経営者は多いのではないでしょうか。

コロナ禍に銀行から借りられるだけ借りておくといった対応は、当時の先行きが全くわからなかったタイミングでは1つの正解だったと思います。

でも、当時の手元の余剰資金は返済に回るのではなくて、株式市場や投資信託や一時払終身保険に向かい、相場や為替リスクを抱えている会社も少なくありません。

そういった潜在的なリスクに対して「気にしても仕方がない」と開き直って、本当は気にはなっているけれど見て見ぬ振りを決め込んでいる経営者もいらっしゃいます。


この本は、普段はあまり「お金」に向き合えていない、「お金」に詳しくない、以下に当てはまる経営者に向けて執筆しました。

ここであなたに10個の質問をします。1つでも当てはまる方にはお役に立てる内容なので、ぜひこのまま読み進めてください。

「そんなことは知っているよ」という方は、このまま本書を閉じていただくのがよいでしょう。

□ コロナ禍以降、漠然とお金の不安を抱えている
□ 税理士から説明を何回聞いても、ぼんやりとしかわからない

□決算書を見ても、どこを見たらよいのかわからない
□今さら、決算書の勉強なんてしたくない
□できれば、数字のことは税理士や経理担当者に丸投げしておきたい
□税理士のアドバイスが本当に正しいのか疑問に思っている
□でも、誰に相談すればよいのかわからない
□「ごちゃごちゃ考えないで、売上を上げる方が手っ取り早い」と考えている
□「勘定科目」を聞くだけで、拒否反応が起こる
□YouTubeやSNSなど情報が多過ぎて、何が本当なのかわからない

さて、いかがでしょうか？

本書では、ちょっとした「ルール」や「仕組み」を知らないだけで損をしている多くの経営者を見てきたぼくが、「知らないのは、マズい！」という思いで執筆しました。

基本のルールを押さえない状態で、戦術やテクニックを追いかけてもゲームには

勝てませんよね。もしかしたら、今のあなたはそういった状態なのかもしれません。

最後まで読んでいただいた後は、次のような状態になっていることでしょう。

・今まで感じていたモヤモヤがスッキリした
・頭の整理ができたので、事業に集中できる
・銀行担当者の矛盾が理解できる
・情報に対しての判断軸ができる
・ゴールが明確になり、そのための手段がイメージできる

「ルール」といっても、決して難しいものではありません。野球だとフォアボール、サッカーだとオフサイド、ラグビーだとノックフォワードのような基本的なものだけでOKです。

でも絶対に、最初から「会計」は勉強しないでください。スポーツを始めるのに、最初にルールブックを読み込んでから始める人はほとんどいませんよね。

本書では大きく2つのポイントだけお伝えしますので、今はそれだけで十分です。余裕が生まれたら「会計」「決算書」について、ぜひ学んでみてください。

決算書は、そもそも国が税金を計算するためにつくられているフォーマットなので、経営者のあなたがそのまま見てもわかりにくいのは当然です。

また書店に並んでいる多くの「会計本」は投資家目線の指標を解説しているので、投資家のいないほとんどの中小企業経営者にはあまり関係ありません。PERとかROEなどの指標を学ぶより先に、本書で述べる2つのポイントをまずは押さえてください。

申し遅れました。自己紹介させていただきます。梅村尚樹（うめむら　なおき）と申します。

中小企業・ベンチャー企業に特化した財務コンサルタント、社外CFO（Chief

Financial Officer 最高財務責任者）として起業して、13年目に入りました。

いわゆる団塊ジュニア、ロスジェネ世代といわれるバブルが崩壊した直後に大学生活を送った世代なので、会社に頼るのではなくて自分自身の実力で生活できるようになりたい、社会に貢献したいと考えたのがコンサルタントを志すきっかけでした。

大学卒業時には大手の経営コンサルティング会社への就職がかなわず、機械メーカーでの勤務を経験した後に、会計系の経営コンサルティング会社へ転職し、この世界へ入りました。

最初にコンサルタントとして経営者と対峙《たいじ》して正直びっくりしたのが、次のような現実です。

・経営者があまりにも何も知らない
・コンサルタントや税理士も表面的なことしか知らない
・金融機関はある程度、理解した上でミスリードしている学生時代に想像していたイメージと現実のギャップに戸惑いながら、コンサルタント会社時代には全国の中小企業に対して延べ１０００社を超える経営者と向き合い、３００社以上の経営者に直接コンサルティングを提供する機会をいただきました。

そうした経験を通じて自分なりの目指すスタイルや方向性が定まったタイミングで起業し、現在に至ります。

起業後は、ガチンコでコンサルティングを提供しており、おかげさまで創業時より継続してお付き合いさせていただいている会社や、事業を拡大される会社も多く、お役に立てているのかなと自負しております。

中小企業経営者は指導を受けることに抵抗があったり、コンサルタントなどのコーチを誰にお願いすればよいのかがわからなかったりして、業界的に金融機関や士業経由でのご紹介案件が多いです。

でも、そういった営業構造には問題点もあります。たとえご紹介者の商品・サービスに問題があっても、紹介をいただいた関係から紹介先の問題点を指摘できなくなってしまうのです。お金をいただくにもかかわらず、指導の切れ味が悪くなり、経営者には不利益が生じがちです。

例えば銀行から紹介をいただく場合、「融資条件が悪い」とか、「過剰な担保を確保している」などはトラブルになるので口が裂けても指摘できないですもんね。

そういった理由から、ぼくは利害関係のある先からの紹介案件は極力お断りしてきました。お付き合いの関係上お受けする場合も、その旨をご理解いただくことを条件にしています。

現在は、独立系コンサルタント・社外ＣＦＯという「専門家」としての立場だけでなく、一人の「経営者」として、ぼくを信頼していただける場面が多いと感じています。経営者は日々「誰も助けてくれない環境」で仕事をしており、そうした点ではぼくも同じだからです。

今回、ぼくは本書を通じて、次のようなゴールを設定しました。

・中小企業経営者・ベンチャー経営者の漠然とした不安をなくしたい（簡単な仕組みとルールがわかれば不安はなくなる）
・（ぼくが魚を提供するのではなく）魚の釣り方をお伝えしたい

大晦日の除夜の鐘が108回なのは、人間の「煩悩《ぼんのう》の数」を表しているということは有名ですよね。

では、「煩悩」とは何でしょうか?

ぼくも詳しくありませんが、例えばこうしたものが挙げられるそうです。

・承認欲求
・執着
・キレる
・自慢
・嫉妬

その煩悩の1つに「無知」があるそうです。

そうです、経営者にとって「無知」は煩悩らしいのです！

しかも、お釈迦《しゃか》さんの教えによると、情報を知っているだけでは「知っている」ことにはならず、実際に行動を起こして初めて「知っている」にカウントされるそうです。

この本を読んでいただいたあなたには、ぜひここで得た知識を実践に移して、「知っている」経営者になってほしいと願っています。

現在、中小企業を取り巻く環境は厳しくなるばかりです。為替リスク、採用難、原料高、感染症など、経営者にとってはアゲインストな条件がそろっているように思います。

さらに従来の商品・サービスは需要減少に対して供給過剰な状態なので、今までどおり商売を続けても、生き残りをかけた生存競争に勝つのは難しいでしょう。

時代の変化に対応して「尖《とが》る」「ずらす」といった変化をし続けることが不可欠

です。

本書のテーマである「お金」についても、考え方のバージョンアップが必要です。無条件に人口が増加してマーケットが広がった時代は、融資に依存した経営でもよかったかもしれません。しかし、人口オーナスといわれ国内マーケットが縮小するこれからの時代は、いつでも商売をやめられる、あなたの会社や事業を売却するといった出口戦略も見据えて経営をしていく必要があると考えます。

そういった背景から、これからは「お金」について、今までより慎重な姿勢が求められます。

そもそもあなたの会社がどういう目的で融資を受けているか、考えたことはありますか？

会社経営において「お金」は人間の「血液」によく例えられます。その例えで話を進めると、融資は「輸血」ということになります。

もしあなたが健康な体であれば、輸血をしないでも自らの体で血液はつくれます。

輸血をし続けなくても会社の資金は回るのです。

ではなぜ、継続した融資が必要なのでしょうか?

融資はその便利さから多くの会社が依存していて、その中毒性から残高が少なくなれば禁断症状が生じる会社も少なくありません。

当然、継続的に融資を受けなくても禁断症状が出ないのが正常な状態です。

「融資残高を減らしておく」、あるいは「融資枠を空けておいていつでも融資を受けられる状態にしておく」のが本来の姿ではないでしょうか。

融資とは、暫定的に企業価値をアップさせるために活用されるのが本来あるべき姿と考えます。

コロナ禍において、先に述べたゼロゼロ融資で得た余剰資金を投機に回して融資枠を消化してしまい、いざ本業の融資を依頼すると借りられないといった会社が増加しています。

あるいは、事業再構築補助金や、ものづくり補助金といった高額の補助金制度を受給しないと損だと信じ込み補助金を受給したけれど、経営難に陥っている会社も散見されます。

もともと、そこまで立派な機械や設備は不要だった、見込みが甘かったなどがその原因です。

補助金の多くは総額の3分の2や4分の3の支給であって、費用の全額が補助されるわけではありません。残りは自己資金が必要ですし、投資にともなって材料費や人件費など必要となる運転資金が増加するため、資金繰りに窮する会社が実は多いのです。

このような中小企業の「あるある」は、なぜ起こるのでしょうか？　この答えは、本書を読み進めていくとおわかりいただけるでしょう。

前置きが長くなりましたが、あなたが本書で手に入れられるのは「経営のグーグルマップ」（経営の羅針盤）です。

ぼくが社会人になりたての頃と違い、現在は車の運転の際に道路マップを広げたり、営業訪問の際にわざわざ地図や経路をプリントアウトして持ち歩いたりすることは、まずありません。

今は、スマホに行き先を入力し、交通手段を選択するだけで、簡単に行き方や費用、所要時間などがすぐに表示されますよね。

グーグルマップさえあればどこでも行けるので、初めて行く土地勘のない場所でも不安を感じません。

経営も、全く同じです。次の2つがわかれば、目的地まではスムーズに進みます。

・「いつまでに」、「どういう状態になりたいか」を明確にする
・手段を選択する

ただ1点大きく違うのが、経営にはGPS機能がないので現在地が自動的にはわからないことです。

あなたは、あなたの会社の現在地を知っていますか？

実は、多くの社長が正確な現在地をわかっていません。当たり前のことですが、現在地がわからなかったり、認識がズレていたりすると、目的地まで移動するための選択肢が変わってきます。同じ大阪でも、梅田と天王寺では南北が全然違うし、東京でも東京駅と新宿駅では全く別の場所ですよね。

・自社の現在地の認識があいまいになっている
・目的地さえあいまいな設定になっている

多くの会社ではこのようにぼやけた状態なので、結果として次のような状態が「あるある」になってしまいます。

・(選択する)手段が間違っている
・対応が行き当たりばったりになっている

頭の中を整理して、一度〝整えて〟みませんか。

本書では、「会計用語」や「専門的な言い回し」をできるだけ使わずに、あなたの会社の

・現在地
・予算
・選択肢

を一緒に見ていきます。

その上で、こうしたことについて解説していきたいと思います。

・目的地の設定
・予算の計算方法

・選択肢を選ぶ際の「考え方」

選択肢を選ぶ際の「考え方」については、2023年に1985年以来38年ぶりに日本一を達成した阪神タイガースの名将岡田前監督の戦い方を参考にします。岡田前監督の手腕は、中小企業経営者こそ学ぶべき点が多いと確信しています。どうぞ、ご期待ください。

目　次

第3章
自社の状況を簡素化して理解する【ミニマム式健康診断法】　63

第4章 お金の流れを可視化する【自社の手取り額を知る】 99

第5章 解決策とアクションプラン【「守り勝つ」ための課題解決法】 165

第1章

会社の利益を3倍にするために必要な3つのこと

1．自社の状況を簡素化して理解する【ミニマム式健康診断法】

第1章では次の3つの概要を理解し、売上はそのまま、会社の利益を3倍にするために必要な考え方を紹介します。

・自社の状況を簡素化して理解する【ミニマム式健康診断法】
・お金の流れを可視化する【自社の手取り額を知る】
・解決策とアクションプラン【「守り勝つ」ための課題解決法】

自社の「現在地」を正しく把握する

現在地から目的地へ移動する際に、まずやることは何でしょうか？ ぼくの場合、スマホでグーグルマップを開きます。

目的地を入力し、予算状況（お金・時間）に応じて最適な手段を選びます。予算は十分にあるけれど時間がないならばタクシーを使うかもしれません。逆に予算はないけど時間に余裕があるならば電車などの公共機関を使ったり、もしくは歩いて向かったりすることもあるかもしれません。

グーグルマップの操作は簡単で、空欄に必要事項を入力したり選択したりするだけ。それだけで迷うことなく目的地にたどり着けます。

さて、今回の移動の目的は何でしょうか？　仕事？　ショッピング？　家族旅行？　ゴルフ？　移動の目的によって、目的地や手段（予算、時間、好みなど）は変わってきますよね。

実は、経営でも同じようなことを行っています。

・移動の目的（なぜ移動するのか）

⇓　経営理念（ミッション、ビジョン、パーパス）

・目的地の設定（どこに行きたいのか）

⇓　売上目標、利益目標、出口

・移動手段の選択（どんな手段を講じるか）

⇓　マーケティングの強化、広告出稿、新商品の開発、採用

計画としてきちんと紙に落とし込むかどうかは別として、こういった項目を自然に埋めながら意思決定しているのではないでしょうか。

つまり、経営で大事なことはグーグルマップ、つまり「羅針盤」の存在です。経営理念や目標、手段などを改めて整理し、目指す方向に向かって正しく進んでいくためにも、あなたの会社に「経営のグーグルマップ」をインストールしましょう。

しかし、ここでポイントになるのが出発点となる「現在地」です。グーグルマップであれば、アプリを開くと同時に正確な現在地をGPSで示してくれます。でも、実際の経営では、グーグルマップと違い、あなたの正確な現在地がわかりません。当然、現在地の認識が異なれば取るべき選択肢も変わってきますし、ひょっとしたら目的地自体も変わってしまうかもしれません。

だから、まずは現在地を正しく把握することから始めましょう。現在地を認識するためには、自社の状況を簡素化して理解するのが早道です。

「『わかっていない』ことをわかっていない」と自覚する

自分の姿は自分では見えません。自分のことは自分が一番よくわかっていると思いがちですが、実際には自分が一番よくわかっていないのかもしれません。

ゴルフに例えると「あるある」ですが、他人のスイングは良い点・悪い点がよくわかるのに、自分のスイングは自分ではわかりません。トッププロの松山英樹選手や渋野日向子選手でもコーチを雇うのは、「自分には自分の姿が見えない」ことを十分理解した上で、プロコーチの目で客観的な視点を補足しようとしているのです。

経営者における「現在地の認識」でも全く同じです。自分は自社のことをよくわかっている、自社の現状を正確に認識していると思っていても、案外違うものです。

つまり、自分の感覚と現実には、多かれ少なかれギャップがあります。

ほんの少しのギャップであれば大きな問題にはなりません。しかし、残念ながら「ギャップ」の存在にさえ気づいていない経営者が多いのです。そこで、「自分の感覚と現実にギャップは必ずあるものだ」と初めから意識しておけば、出発点を大きく見誤ることは少ないでしょう。

「無知の知」という言葉は有名ですが、経営者のあなた自身が「思い込み」や「先入観」にとらわれているものだと強く自覚しておくくらいで、ちょうどよいかもしれません。

ギャップが生じる原因には次のようなものがあります。

①「ものさし」がない

あなたは、同じく中小企業の他社の財務状況を外から見たことはありますか？自社以外の財務状況を知る機会はないのではないでしょうか。

法人でも個人でも、信用に関わるので外見は立派にしていることが多いですが、実際の資金繰りは火の車だったり、ほとんどが借金だったりする会社も珍しくありません。ぼくも最初は驚きましたが、立派な社屋で社長が高級車を乗り回している会社でも、決算書を見たらひっくり返るような経験は日常茶飯事です。

他方、金融機関やコンサルタントは日々、多くの会社の財務状況を見ています。実態を正確に把握することが仕事の上で必要不可欠なので、他社と比較しながらあなたの会社の状況を客観的に分析しています。彼らは他社情報を含めた情報をたくさん持っているので、自分の「ものさし」が確立されています。

つまり、中小企業経営者は金融機関やコンサルタントに比べると、圧倒的に情報不足なのです。情報格差があるといってもいいでしょう。他社の財務状況に触れる機会の少なさから、比較対象や基準を持ち合わせていない――つまり、客観的な視点で分析するための「ものさし」がないのです。「ものさし」については、第３章で詳しく解説します。

②自分にとって都合のよい情報しか見たくない（確証バイアス）

人間の脳は現実世界の多くの情報の中から、無意識に「自分にとって都合のよい情報」と「生存に必要な情報」のみを瞬時に選んでいるといわれています。

あなたも、自分では気づかないうちに耳の痛い情報はシャットアウトして、次に挙げるような自分にとって都合のいい情報ばかりを受け入れてしまいがちではありませんか。

・自分の欲求を満たしてくれる情報
・自分を承認してくれる情報
・「得する」「儲《もう》かる」印象の情報
・「努力は必要ない」「楽ができる」情報

インターネットでは過去の検索履歴やクリック履歴からアルゴリズムが働いて「フィルターバブル」と呼ばれる現象が発生します。望むと望まざるとにかかわらず自分の興味や好みに合わせて情報がフィルタリングされるので、自分の考え方や価値観の「バブル（泡）」の中に孤立してしまう環境のことです。こうしたことを念頭に置いて、インターネットで検索する場合は、あなたが見たい情報に偏っている可能性を意識する必要があります。

ぼく自身、阪神が勝った日は活躍を振り返るYouTubeをハシゴして何度も復習する習性があります。が、負けた日は全く見ません。悲しいかな、小学生の頃から変わっていないように思います。

経営者の中にも、自分に対してネガティブな情報は露骨に嫌がる方も少なくありません。そして、そうした自分の傾向は思いのほか自覚できていないものです。

③〝盛られた〟情報に踊らされている

ここまで述べたように、中小企業経営者は自分の「ものさし」を持っておらず、自分に都合のよい情報しか見ようとしない。こうなると、正しく現状を把握し、分析することはできません。

特に「お金」に関しては、「金融商品」「資金繰り」「財務」などと変数が増えれば増えるほど、自分の頭で考えることがしんどくなりますよね。その結果、おのずと銀行や税理士などに〝おまかせ〟してしまう経営者を多く見かけます。

「メインバンクはそこまで変なことをしないだろう」

「税理士の○○先生が言うから間違いはないはずだ」

こんなふうに自分を納得させ、現状把握を諦めてしまっているかもしれませんね。

他方、金融機関側はあなたが正しく現状把握ができていないことを知っています。そのため、現実に即した正しい情報ではなく、ちょっと〝盛った〟情報を伝えてくるのです。多少情報を盛ったところで、〝おまかせ〟状態のあなたにはバレないことがわかっているからです。つまりは、彼らの〝養分〟にされてしまっている可能性もあるのです。

つけ加えると、あなたが浅知恵を働かせて会社の数字を盛ったとしても、金融機関側は全てお見通しです。全てをわかった上であなたに接していると、肝に銘じてください。局面によってはパンドラの箱は開けない方がお互いにとってハッピーだから、あなたは泳がされているだけなのです。この理由は、追ってご説明しましょう。

理解すべきは「お小遣い帳」

多くの中小企業経営者は、次のような悩みを抱えています。

・「決算書」がよくわからない
・何度説明を聞いても理解できない
・わかっているように振る舞っているが、ピンとこない

このように「決算書」に苦手意識を持つ方は非常に多いものです。でも、全く問題はありません。経営者のあなたは、お金の大きな流れを捉えられていればいいのです。

あなたが知りたいのは「お小遣い帳」のようなものではないでしょうか？　つまり、次のようなお金の流れだけが見える、シンプルなものです。

・いくらお金が入ってきたか
・いくらお金が出ていったのか
・いくらお金が残っているのか

さらに、理想をいうと、将来（3カ月後、1年後、3年後など）を見越して、「いくらお金が入ってきて」「いくらお金が出ていって」「いくらお金が残るのか」「どのタイミングでいくら不足するのか」を知りたいのではないでしょうか？　予測しておけば不安も解消され、対策が立てられますよね。

あなたは「決算書」を読みこなす必要はなく、「お小遣い帳」のようにシンプルにお金の出入りがわかればいいのです。お金の流れを簡単に把握する方法は、第4章で詳しく説明します。

「パンドラの箱」を開けて問題を直視する

先ほど、「あなたは金融機関によって泳がされている」と述べましたが、これには大人の事情もあります。

①信用が収縮してしまうから

仮に、あなたの会社に、わざとでないにせよ粉飾があったとしましょう。銀行は直ちに見破りますが、そこで正しく評価をすれば、あなたの会社の評価は下がってしまいます。すると信用力が収縮し、保証協会からの保証が得られなくなる可能性があります。保証協会でない融資の場合（プロパー融資）でも、銀行の本部の決済が下りない可能性もあります。

銀行は、融資を増やして金利で稼ぐビジネスモデルですから、融資ができなくなるのは避けたいところ。営業ノルマのある営業担当者や支店長に、実態がどうであるかはスルーして、自身の営業成績を上げたい心理が働くことも一定の理解はできますよね。そして、きっと次の担当者も、融資を増やすチャンスを失いたくないので粉飾をスルーするでしょう。

結果として、粉飾は破裂するまで放置され続け、実力以上の融資残高になります。複数の金融機関が入っている場合は、どの金融機関が「ババ」を抜くか、トランプの「ババ抜き」状態になることもよくあります。

②社長自身が現実逃避をしているから

一方、社長のあなた自身もパンドラの箱は開けたくありません。

・そもそも現状がわかっていない
・誰かの指摘を受けたくない
・融資が受けられなくなる恐怖
・（金融機関に営業されて持ち上げられている状態が）実力と思い込みたい

こんな実態や心理が働いて、現実から目を背けてしまっているのではないでしょうか。

誰しも食べ過ぎた後は体重計に乗りたくないものです。それと同じで、とにかく問題を先送りにしたがる経営者が多いと感じます。

しかし当然ながら、いつまでも臭いものに蓋《ふた》をし続けるわけにはいきません。パンドラの箱を開け、現実から目を背けずに向き合ってこそ、次の一手を打つことができるのです。

＊

ここまで、会社の利益を3倍にするために必要なことの1つ目として「自社の状況を簡素化して理解する」ことについて説明してきました。

・「経営のグーグルマップ」をインストールする
・自社の「現在地」を正しく認識する

・「無知の知」を自覚することが最短ルート
・自社のお金の流れを押さえる
・正しい現状認識のために「パンドラの箱」を開ける

それぞれの具体的な方法は、第3章「ミニマム式健康診断法」として体系立てて解説します。

2. お金の流れを可視化する【自社の手取り額を知る】

会社の利益を3倍にするために必要なことの2つ目は、お金の流れの可視化です。これは、グーグルマップで交通手段を選択する際に目安となる予算（お金・時間）を決めることにつながります。

ここでは、予算を考える上で大切な「予算の原資」を確認してみましょう。

「手取り額」を知る

個人で給与や役員報酬を受け取ると、「総支給額」と「手取り額」に差がありますよね。同様に、会社のお金でも「決算書の利益」と「実際の現金・預金の増減」（手取り）は異なります。

「予算の原資」を確認するには、「会社の手取り額」を把握する必要があります。なぜなら、この手取り額こそが実際に使える予算となるからです。

ここでちょっと図表1−1の状態を想像してください。給与は50万円で、手取り額が40万円。なのに生活費に45万円使うとなると、5万円足りませんね。

あなたはこうしたケースにどういった対応をとりますか？

給与	50万円
手取り額	40万円
生活費	45万円
	▲5万円

図1-1　家庭における収入と支出の例

①給与を増やす努力をする
②生活費を「手取り額」の範囲に収まるようにコントロールする
③カードで支払いを先送りにする
④生活ローンで借金する
⑤消費者金融

おおよその選択肢はこんなところでしょう。

給与所得者の場合、短期間で給与を増やす（①）ことは難しく、また③④⑤は負担があるので、まずは②を選択する方が多いのではないでしょうか。

なぜ会社は違うのか

一方、同じ状況であっても、会社の場合は取られる選択が変わってきます。会社の資金が不足する場合、不思議なことに前に挙げた②ではなく、④、⑤が圧倒的に多くなるのです。

なぜ、会社の場合は「借金」という選択をするのでしょうか。理由として、次のようなものが考えられます。

・そもそも「手取り額」がわからない
・現預金での「入金と出金」を意識していない
・銀行が貸してくれる
・誰も指摘をしない
・もはや何の疑問も感じていない

先に挙げた図1−1でも、手取り額が40万円なのに生活費に45万円使ってしまうというのは、手取り額が把握できていないか、入金と出金の意識が欠けていることが根底にあります。「給与（支給額）50万円」ということばかりに目が向いてしまっているのかもしれませんね。

会社も同じで、正しい「手取り額」を把握することなく、なんとなく足りなくなり、なんとなく借入をしてしまっているのです。

いくらグーグルマップをインストールしても、安易に「借入」を手段として選択すると、実力以上に予算は大きくなってしまいます。それは最適な手段とはいえず、目的地から遠ざかってしまう恐れもあるのです。

会社の「手取り額」を簡単に理解する方法は、第４章で実際にコンサルティングの現場で指導する改善方法も含めて詳しく解説しています。手取り額をきちんと押さえていれば、取り得る選択が変わってきます。結果として、あなたの会社には劇的な変化が訪れるでしょう。

3. 解決策とアクションプラン【「守り勝つ」ための課題解決法】

ここまで「現在地を知ること」と「予算の原資を確認すること」について触れま

した。この2つを把握して初めて、あなたは経営のグーグルマップを設定する情報がそろったといえます。

ええやん、ええやん。

最後の３つ目は選択する手段の「優先順位のつけ方」です。

「どうなりたいのか」を考える

グーグルマップで目的地を設定する際に、あなたはどんな目的で、その目的地を目指すのでしょうか。きっと検索するときには、事前に目的地と目的は決まっていることと思います。

〔目的〕　家族旅行で、家族で共通の非日常体験をする

〔目的地〕屋久島
〔目的〕　仕事のアポイントで、新規契約を受注する
〔目的地〕丸の内

では、事業経営において目的地を設定する際に、どのような目的を考えていますか？　目的とは「どうなりたいか」というありたい姿です。短期的な視点でもよいですが、できれば中長期的な視点も欲しいところです。

〔目的〕　社会的な信用を得る、資金を調達する
〔目的地〕上場する
〔目的〕　資産を増やして経済的な自由度を高める
〔目的地〕会社の価値を高めてＭ＆Ａで売却し、売却金額〇〇円を手に入れる

〔目的〕　子どもの代にバトンタッチする、個人の経済的なリスクを回避する
〔目的地〕連帯保証・担保を外す
〔目的〕　有名になって影響力を持つ
〔目的地〕会社を拡大する
〔目的〕　雇用を安定させて従業員の生活を守る
〔目的地〕現状を維持する

この目的地や目的に、正解はありません。会社や経営者によりさまざまでしょう。社長の数だけ目的地と目的があると思います。

ここで大切なのは具体性であり、解像度が高ければ高いほど実現の可能性も高まります。イチロー選手、本田圭佑選手、大谷翔平選手が少年時代につづった「夢」に関する作文は有名ですよね。逆に、抽象度が高ければうやむやになってしまい実

現の可能性は低くなります。

では、どれくらい具体的に描けばいいのでしょうか？　思い描いてほしいのは「いつまでに」「どれくらい（数値など）」「どんな状態にする」です。

・10年後に会社を3億円で売却する。
・15年後に長男に事業を継がせる。退職金として5千万円もらう。
・5年後には従業員数を現在の2倍に増やし、利益を3倍にする。

あなたの内面と向き合って目的を整理した上で目的地を定めてください。そして、目的地を定めたら、到達時のイメージを繰り返し想像してください。

戦いの優先順位をつける

予算を把握した上でグーグルマップに目的地の入力が終わったら、手段の選択に移ります。会社経営では「戦略」といわれる部分ですね。具体的には、以下のような経営資源をどのように配分するかといった判断です。

・商品・サービス（ペルソナ・ＵＳＰ）
・売上（単位×顧客数×購入頻度）
・ヒト（組織・採用）
・お金（資金調達・投資）

ここで大事になるのが「優先順位」です。経営戦略を考える上で大切なことが「何を重視するか」という「優先順位」のつけ方なのです。

事業経営では、**目的**を踏まえた**目標達成**を実現すべく、**戦略**がつくられ、**優先順位**に沿って個別の**経営判断**が実施される。

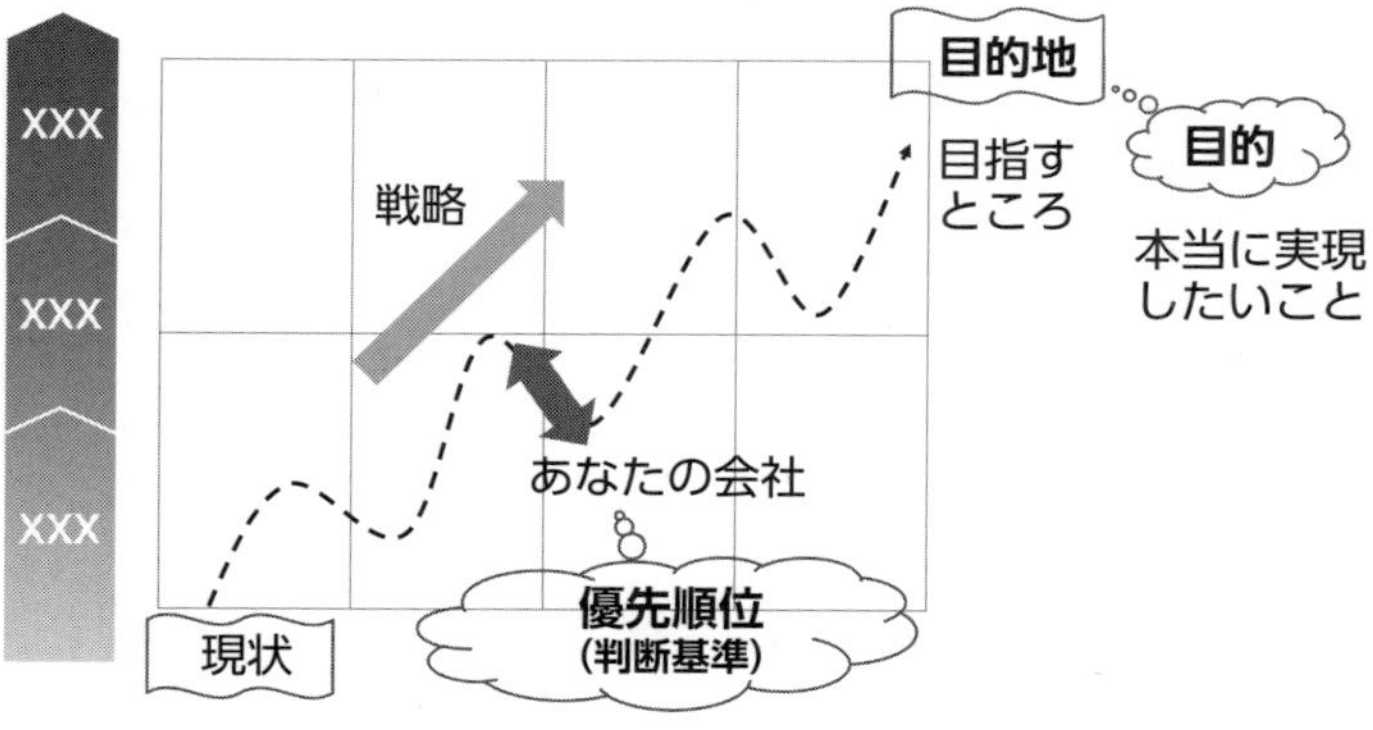

出所：高森厚太郎「P-CFO養成塾テキスト」

図1-2　目的地に向けての戦略と行動指針を考える

優先順位は、組織に置き換えると「行動指針」になります。

途中でいくらでも変更して構わないので、まずは書き出してみましょう。目的とその目的地、そこへ向かうまでの戦略や行動指針を固めると、全てが一気に動き出します。

２０２３年に優勝した阪神タイガースでは、就任間もない岡田監督（当時）が中野選手をセカンドにコンバートし、話題になりました。中野選手は前年にショートのポジションでゴールデングラブ賞を受賞し、侍ジャパンでも世界一に貢献した選手ですから、まさかセカンドに変えるとは誰も予想していませんでした。

この判断は、経営資源の1つである「ヒト」に関する人事戦略です。この戦略の裏には、それまでセカンドの中心人物だった糸原選手の存在があります。打撃面に秀でた糸原選手は、それまでチームをバリバリ率いる中心選手でした。しかし、「守備を強化する」という岡田前監督の戦略の下では「優先順位」が下がり、中野選手にセカンドを譲ることになったのです。

「守り勝つ」をベースに考える

勝負事の世界、特にスポーツの世界では、勝負を分けるのはディフェンスです。中野選手がセカンドのポジションを守ることになったのも、ディフェンス（守備）面の強みからくるものでしたね。

野球に限らず、サッカー、ラグビー、バスケ、ゴルフなど、どんなスポーツでも「自分がミスをしないこと」が大事であり、そこに「相手のミス」が起こることによって勝率が上がります。

スポーツ以外でも、将棋やマージャンなどのゲームにおいても同様で、自分がミスをしなければ相手のミスにより必ずチャンスが到来するものです。積極的に「勝ちに行く」というよりは、守りを徹底して「負けない」という勝負の仕方ともいえます。

ぼくは、クライアントに経営戦略を指導する際にはディフェンスを重視しています。攻撃に経営資源を全て振り切る――例えば、サッカーでキーパーが攻撃に参加するようなケースは、本当に追い込まれた場面ではやむを得ませんが、通常時は避けるべきだと考えています。

もちろん、勝負のタイミングでは積極的なリスクテイクの姿勢は必要です。しかし、リスクを負ってでも賭けに出るようなときであっても、致命傷に陥らない最低限のリスクコントロールは当然すべきではないでしょうか。

Netflixでヒットしたドラマ「地面師たち」はご存じでしょうか。山本耕史演じる石洋ハウスの開発事業部長の青柳は、数字を追い求めることに前のめりになり過ぎて、ライバルの須永（松尾諭）などの慎重論に聞く耳を持ちません。

この「地面師たち」の青柳同様に、事業が好調なとき、経営者は「攻める」ことばかりに目が行き、「守る」ことをおろそかにしがちな面があります。しかし、それが災いとなってちょっとした環境の変化で会社が窮地に追い込まれる例も多く、ぼくもそんな数々の場面に立ち会ってきました。

気分を害されるかもしれませんが、コロナをきっかけに倒産する会社は、コロナが原因ではなく、今までの甘い見積もりが原因であることも少なくありません。積極的なスピリットがとても大切な要素であることに異論はありません。しかし、どんなときでも「避難経路」は確保しておくべきなのです。

まずは、ディフェンス。

野球ではピッチャー、キャッチャー、ショート、セカンド、センターのラインがしっかりしていれば点を取られることはありません。すると、負ける確率は格段に低くなります。

優先順位のつけ方が攻撃重視し過ぎると、ホームランを狙い過ぎて三振が続いてしまったり、ミスで失点したりと「点は取っても勝負には勝てない」という状態に陥ります。

もちろん、消極的になり過ぎて守ってばかりでも、勝負には勝てません。そのあたりのバランス、中小企業の取るべき戦略については第5章で解説していきましょう。

第2章

あなたの会社が変われない原因はどこにあるのか

第1章では、会社の利益を3倍にするために押さえておきたい3つの点の概要と考え方をお伝えしました。

経営の羅針盤としてグーグルマップを利用する要領で、次の情報を整理してみてください。

・自社の正確な現在地を認識する
・（決算書上ではなくて）実際の手取り額（予算）を把握する
・（目的を整理して）目的地の解像度をアップさせる

これまでのあなたはいかがでしたか？

「漠然としか考えていなかった」という方がほとんどではないでしょうか。

でも、真剣に考えてみてください。ここに挙げた3つの要素のうち、どれが欠けても目的地にはたどり着けません。

旅行でも「いつか屋久島に行ってみたいなあ」と考えているだけでは、結局、一生行けないでしょう。また、正確な現在地がわからなければルートを検索できないし、予算がわからなければ交通手段を決められません。「海のあるところ」や「近場」などのぼんやりした目的地しか決めていなかったら、なんとなく出発してみたものの、途中で道に迷ってしまう可能性もありますよね。

ところが逆に、この３つを決めてしまえば早いのです。グングンと推進力が上がります。「行く」と決意して、現在地・予算・目的地を決めてしまいさえすれば、後は予約をするだけです。

〔現在地（出発地）〕　大阪
〔予算〕　家族３人で予算は30～35万円
〔目的地〕５月１日～３日に屋久島の千年杉を見に行く

要は、先送りせずに決めることが大事なのです。

では、あなたが経営の羅針盤であるグーグルマップをセットすることを拒んでいる要因は何でしょうか？　言い換えると、「決めない」「決められない」として先延ばしにしてしまう理由は何でしょうか？

本章では、「できない理由」を考えながら、どうすればうまくいくかを考えていきましょう。

1. 「決算書」と聞くだけで心が折れてしまう

自ら会社を興した社長には「実現したい夢」や「こだわりの価値観」があるのではないでしょうか。独立したのは、そうした夢をかなえ、価値観を広めるためですよね。

「お金の管理が得意だから起業した」という人は、まず存在しません。むしろ、多くの創業社長は数字を苦手としています。「対価は払うので、お金回りのことは専門家に丸投げしたい」と考えている方が本当に多いものです。

健康に置き換えて考えてみましょう。健康の重要性はよく理解しているものの、病気にならないと、自分の体に真剣に向き合えないものです。お酒の量を控えた方がいい、毎日少しでも運動した方がいい……こうしたことは頭で理解しても、人間ドックで肝臓の働きの悪さを指摘されたり、血糖値や尿酸値の異常を指摘されたりして「このままでは危ない」と危機感を持つまでは、なかなか行動には移せません。

会社のお金も同様です。経営における数字の大切さはわかっていても、普段は緊急度が高くないので、つい優先順位を下げがちです。「そのうちやろう」「いつかきちんと取り組まなければ」などと思いつつ、結局面倒くさくなってしまい、気づけば10年以上ほったらかし……そんな状況ではありませんか？

特に経営者を悩ませるのが「決算書」の存在です。どの書店にも必ず「決算書」の棚があり、多種多様な「決算書解説本」が並んでいます。これだけ多くの本がすでに出版されているというのに、まだ次々と新しい本が発行され続けているというのは、おそらくどれを読んでもピンとこないからでしょう。

ぼくの経験上でも、本当に腹落ちして理解できている経営者は少数派です。経理担当者や税理士などから何度説明を受けても理解できない、わかっているように振る舞っているが本当はさっぱりわからない、という話はよく耳にします。

第1章で述べたことの繰り返しとなりますが、決算書上の利益と実際の現預金の増減は異なります。それがゆえに、中小企業では「決算書」や「試算表」だけを見てもあまり意味がないともいえます。

そもそも「決算書」は国が税金を計算する目的で作成したフォーマットであって、あなたの会社のお金の流れや時価の財産を表現しているものではありません。つまり、社長のあなたが「決算書」を理解できなくても、何ら支障はありません。そもそも「決算書」を読みこなすことを目標に据える必要はないのです。

2.「お金を管理するより売上を増やした方が早い」と考えている

「まず行動」という考え方の弱点

「あれこれ考えるより、動いた方が早い」とか、「やってみないとわからないから、考えるだけ無駄」などといって、まずは行動に移すことを重視している経営者はたくさんいらっしゃいます。行動しないことには何も始まらないのは事実ですから、確かにこうした考え方には一理あります。

でも、そういった考え方、つまり「お金のことを考えなくても、売上を増やしたらええんちゃうの？」といった考え方には弱点があります。

・商売は相手があってのこと

・売上は増えても利益が残るかどうかはわからない

事業経営では思い通りにいかないケースの方が多いもの。それは、会社を経営している社長はよくご存じかと思います。

想定外のことが起こる要因の1つが、商売には「相手」がいることです。カナダの精神科医 エリック・バーンの言葉に「他人と過去は変えられないが、自分と未来は変えられる」というものがあります。ビジネスにおいても、自分のことは管理できても、相手のことはコントロールできません。

また、自分でコントロールできない存在のもう1つが、外部環境、つまり「世の中」です。ある条件下ではうまくいったことも、前提となる条件が変わってしまったら、うまくいくとは限りません。

さらに、売上が増えたからといって、必ずしも利益も増えるとは限りません。利益が残らないケースだってあるでしょう。

ここで挙げた「お金を管理するより売上を増やした方が早い」という考え方の弱点について、もう少し詳しく見ていきましょう。

前提条件は変化し続ける

将来がどう変化するかはわからないが、「変わり続ける」ことは間違いない。

よく聞く使い古された言葉ですが、つくづくそのとおりだと思います。ぼくが社会に出てから今日までも、それまでは考えられなかったことが起きました。バブル崩壊、阪神淡路大震災、リーマンショック、東日本大震災、ロシア・ウクライナ戦争、パレスチナ・イスラエル戦争、コロナショック、能登半島地震といった自然災害、恐慌、戦争。その他にも、インフレ、人口減少なども大きな変化です。

もっと身近な例で考えてみましょう。猛暑が定番化した日本では夏にビールが好まれますが、ある年は冷夏・長雨によってビールの売上が前年比７％も下がったそうです。売上は、こんなにも前提条件に左右されてしまうものなのです。

こうした変化は一経営者がコントロールできることではありません。経営者は変化をコントロールしようとするのではなく、また変化に振り回されるのでもなく、変化に対応していかないと生き残れません。

想定外の事象に備えるには、定期的に事業を取り巻く環境を棚卸し、危機管理する姿勢がマネジメントとして大切です。「想定外だった」と言い訳を口にしたところで、誰も守ってくれません。

そして、思い通りにいかないこと、想定外のことが起きた際に、数字の振り返りができなければ、現実と想定との間にどれくらい差異があったのか、わかりません。つまり、リスクコントロールが難しくなってしまうのです。

原価を知らない

先ほど「売上が増えたからといって、必ずしも利益が増えるとは限らない」と述べました。実は、これは中小企業にありがちなことですが、自社商品の原価計算をほとんどしていない会社が、めちゃくちゃ多いのです。

ここ最近であれば、円安と資源高でどの業界でも製造原価が上がっています。そんなとき、あなたの会社ではどうしますか？　ありがちなのが、まずは材料費を計算して値上げに踏み切ることです。しかし、思い切って値上げしてみたにもかかわらず、なぜか赤字が続いて利益が出ないことも多いもの。

この原因は、電気料金などの光熱費、賃金・社会保険料、家賃などの値上げ分が計算されていないためです。つまり、正しい原価を理解できていないのです。

特に、サプライチェーンの中で協力工場の立場にある会社に、この傾向が強いように感じます。詳しく話を聞いてみると、次のような実態が浮かび上がってきます。

・原価計算の方法がわからない
・原価計算をするための数字が正確に拾えていない
・そもそも「原価計算」という発想がない
・計算自体が面倒くさい

京セラを世界的企業に成長させた稲盛和夫氏が「値決めは経営」とおっしゃった

ことは有名です。「お金の管理より売上を！」と息巻いて営業に向かう前に、まずは腰を据えて自社の経営に関する数字を確認してみてください。お金について理解することは、一見遠回りに思えるかもしれません。しかし、思いのほか、利益を確保するための近道なのだとおわかりいただけるでしょう。

3. 専門家の助言を鵜呑《うの》みにしてしまう

本章の第1節で、経営者の一定層は「対価は払うので、お金回りのことは専門家に丸投げしたい」と考えていると述べました。しかし、専門家もその立ち位置によって、あなたに提言する内容が異なります。

あなたが知りたいこと、あなたにとってメリットになることを教えてくれる人もいます。一方で、あなたが知らなくてもいいこと、知りたくないこと、知ったら意思決定にマイナスの作用を及ぼしかねないことを伝えてくる人もいます。

さて、経営者のあなたは、会社のお金について何が気になりますか？　どんなことを知りたいでしょうか？

あなたの会社の業績や事業のポジションによってもそれぞれ違いますが、きっと次の点は共通しているのではないかと思います。

・投資の余力はどれくらいあるのか
・（投資に）金融機関や投資家はいくらまで支援をしてくれるのか
・月末、期末には預金残高はどれくらいになるのか
・今期の税金はいくらなのか
・資金はいつ、どれくらい不足するのか
・ボーナスはどれくらい払えるだろうか

一方、あなたの周りにいるお金に関する専門家は、関心事の視点があなたとは少し異なります。それぞれ見ていきましょう。

①税理士

（専門領域からくる視点）
・会計処理は適切か
・税務的に正しいか
・法人税、消費税がいくらになるか

（本音の視点）
・顧問料をアップさせたい
・あまり時間をかけたくない
・顧問料以外に手数料が稼げる商材を提案したい
・（税務以外は社長と話すことがないので）節税の話をしたい

②経理担当者

（専門領域からくる視点）

・会計処理を正確に行いたい
・仕事の処理を迅速に行いたい

（本音の視点）
・余計な仕事はしたくない
・新しいことはやりたくない
・自分のペースで仕事をしたい

③銀行
（専門領域からくる視点・本音）
・融資を伸ばして金利収入を得たい
・返済をされたら売上が減るので、貸し続けたい
・保証協会にリスクを丸投げしたい
・担保を確保して、融資リスクをとりたくない

・他行からシェアを奪いたい
・他行にシェアを奪われたくない
・（生命保険や投資信託、証券などの金融商品を販売して）手数料を得たい

④生命保険会社

（専門領域からくる視点・本音）
・生命保険を販売したい
・（あなたと同じで）実は決算書がわからない
・会社の状況はどうでもよいので、会社か個人でとにかくたくさんの保険に入ってほしい

それぞれ立場が違うので当たり前ではありますが、各人が自分の利益を最優先に考えていることがおわかりいただけるのではないでしょうか。

あなたとそれぞれの専門家は、協力者でありつつ、利益相反の関係にもあります。

つまり、あなたが得をすれば相手は損をして、相手が得をすれば、あなたは損をします。

専門家の話は全て正しい、専門家の言うとおりにすればうまくいくという考えは捨てて、立場の違いによるバイアスを織り込んでお付き合いする必要があると心得ておいてください。

4. 専門家に依存し過ぎている

「医原病」をご存じですか？　医原病は1970年代から提唱された、医療行為が原因で生じる病気や障害を指します。皆保険制度のある日本において、医者が病気の原因をつくり出している現実を皮肉った考え方です。

その1つの例ともいえるのが、2007年に財政破綻した北海道の夕張市での事例です。夕張市では予算削減のために公共サービスが大幅に削減されました。特に医療費は支出が大きいため、公立病院を中心に閉鎖されて、入院ベッド数が10分の1まで減少しました。

当時は医療崩壊が叫ばれましたが、実際には過剰な投薬がなくなり健康寿命が伸びたという、笑えない結果に。これは、手厚い医療より、自らの免疫力の方が優秀だった、というオチでした。

企業経営においても、医原病のような現象がたびたび見られます。企業経営における医者に当たる存在は、「お金に関する専門家」ですね。つまり、専門家に過度に依存し過ぎた結果、会社の健康寿命を縮めてしまうのです。典型的な副作用を考えてみましょう。

①経理社員への過度な期待

経営者が経理社員に頼りっきりになると、弊害として、「経理のブラックボックス化」「生産性の低下」「DX導入の抵抗勢力」を生み出します。

また、経理社員は「自分がお金を動かしている」と勘違いしてしまいがちです。

すると、態度が大きくなったり、横領などの不正が起こったり。こうした問題には、社長が経理社員に頼り切っている背景があります。

②税理士事務所による過度な節税指南

税理士事務所はあくまでも決算書をつくるプロであって、経営コンサルタントではありません。決算以外の時期は特に話すこともないので、苦しまぎれの会話のネタとして「節税」や「どうでもよい勘定科目」の話をするケースが多々あります。

しかし、それを真に受けた経営者であるあなたは「税理士が言っているから」と、節税にのめり込みます。節税のために増やす経費は借入に依存することが多いので、借入や金利負担が増えて本末転倒になりがちです。

つまり、相手が気軽に持ちかけた節税指南から、「資金不足」「借入過大」「債務超過」を引き起こす恐れがあるのです。

③銀行の過剰な融資

改めて、銀行の立場をおさらいしましょう。

融資増加＝金利収入が増える
融資減少＝金利収入が減る

つまり、こうしたポジションから、あの手この手で融資につながる資金需要をつくり出そうとします。こうした資金の行き場は、結果として「過剰な投資」「高級車」「節税商品の購入」「赤字補填」「放漫経営」を生み出します。銀行の支店が増えた街は倒産企業数が増えるともいわれています。

④生命保険に入り過ぎ

万一のときに生命保険で事業経営をやりくりしたり、残された遺族や社員にお金を残したりすることが保険の本来の目的です。

しかし、多くの会社では節税に前のめりになり過ぎて、貯蓄性の商品にばかり加入しています。しかし、こうした商品は高額なため、肝心の必要保障額を確保するのは困難です。結果的に加入している保障金額より借入総額の方が多く、いざというときには保険金を銀行に返済して終わってしまう状態に陥ることもあるので気をつけてください。

そもそも会社の財務分析ができないと、リスクマネジメントである保険設計ができません。

いかがでしょうか。思い当たる節がある方もいるのではないでしょうか。

もちろん、ここで挙げた「お金に関する専門家」の中には、経営者視点で支援してくれる方もたくさんいらっしゃいます。あなたの周りがそういったパートナーであれば安心です。

しかし、過剰な専門家依存や、任せきり状態、言われるがままの状態は、健全な経営とはいえません。専門家の力を借りつつも、自ら考えて判断することが大切です。

5. おいしそうな情報に振り回される

第1章で「人は自分に都合のよい情報しか見えない（確証バイアス）」という話をしました。ほかにも、「人は得するよりも損をしたくない気持ちの方が2・5倍も強い」という人間の心理が働くそうです。これはノーベル賞を受賞した経済学者ダニエル・カーネマン教授が唱える「プロスペクト理論」です。

阪神ファンのぼくの場合、阪神がボロ負けしているときは負けを見届けるのが嫌で、試合の途中で甲子園球場を後にしてしまうことがあります。ところが、外の居酒屋で反省会がてらビールを飲んでいると、テレビから「大山が逆転ホームランを打ち、阪神が逆転勝利！」というニュースが流れてきた——こうなると、生でホームランを見られなかったことに後悔が募ります。

話がそれましたが、つまり人間は「得をする情報」より「損をしたくない情報」に無意識のうちに吸い寄せられてしまうのですね。そして、一度気になりだすと

「損失を回避したい」という特性が働きだすので、そこばかりに意識がフォーカスしがちです。

・補助金情報
・助成金情報
・節税商品
・ホールディングス化

これらはまさに「損をしたくない情報」です。「補助金や助成金を申請しないなんて、もったいない！」「節税に取り組まないなんて、損している」――こういった情報はYouTubeなどのＳＮＳやネットニュースなどでもよく取り上げられているので、ご覧になった方も多いのではないでしょうか。あるいは、銀行や税理士の紹介で耳にされたこともあるかもしれません。

メディアでも対人営業でも、ある程度人の目を引かなければ注目されないので、多少はオーバーな表現になってしまうのは仕方がありません。

でも、実際にはどうなのでしょうか？

仮に、商品や制度が良いものだとしても、あなたの会社に合っているのでしょうか？

必要なのは今のタイミングでしょうか？

コロナ禍では「事業再構築補助金」が創設されました。活用しないと損だ！とばかりに不要な投資をして、うまくいかなくなって会社が倒産したケースも耳にします。

節税のために従業員全員を養老保険に加入させたものの、以降業績が悪化して節税が必要なくなったケースもあります。

目先の「損をしたくない」バイアスが発動して、逆に損をしてしまうケースを、ぼくは何度も見てきました。大事なことは、本当に今の自社に必要なことなのか？それは本当に損なのか？と、繰り返し問うことです。

6. 数字を把握できる体制が整っていない

仮に現在地が把握できて、目的地を経営のグーグルマップに設定できたとしましょう。出発したその時から「現在地」は常に移り変わり、目的地までの最適な手段は変化し続けます。

例えば、現在地から目的地まで車で移動することを選んだとしましょう。出発したときはそれが最適解だったとしても、途中で事故や渋滞など交通状況に変化があれば、当初の選択とは最適ルートが変わってきますよね。

電車で行くことを選んだとしても、事故や停電、天候などに異常があれば、途中下車してバスやタクシーに乗り換えた方が早いこともあります。もしかすると、計画を変更して、別の場所を目的地に設定し直した方がよいケースだってあるでしょう。

事業経営においても、外部環境や前提条件がずっと当初の計画通りに続くとは限りません。むしろ、計画通りにいかない方が普通です。

・得意先、お客様
・仕入先、協力会社、パートナー
・従業員、派遣社員、アルバイト
・技術、トレンド
・競合他社

このように、ビジネスにおいては無数の変数が関わっており、あなたの会社を取り巻く環境は日々変化しています。変化に対応するためにも、自社の現在地は一度確認したら終わりではなく、タイムリーに把握しておきたいところです。

理由は、現在地が変われば、当然、打ち手が変わるからです。でも、そういった現在地を知るための数字をタイムリーに把握する体制がない会社が多いのも現実です。

試算表の作成が遅い

現在地を把握できない理由はさまざまですが、「試算表の作成が遅い」は最もよく見られる理由です。

ではなぜ、試算表ができるのが遅くなってしまうのでしょうか。

①請求書がこない
②社長が試算表作成の指示をしていない

考えられる理由は、この２つです。試算表の２～３カ月遅れは当たり前。ひどいところだと、

・半年に１回しか数字をまとめない
・融資を申し込むタイミングでしか数字をまとめない

・決算のときに一気に数字をまとめる

こういった会社も多いのです。

では、どうすれば改善できるのでしょうか。

完璧を求めず「速報値」をつかむ

正確な数字は決算時にまとめればよいので、試算表はとにかくスピード重視。完璧な仕上がりを求めず、ざっくりとした速報値をつかめればＯＫです。

理想は、翌月10日までには前月の試算表を作成し、速報値を確認しておきたいところです。

しかし、どの会社にも、こだわりが強く、変化を受け入れない経理担当者は存在するもの。もし経理担当者が反対勢力になる場合は、次のような策も選択肢に入れて検討してみてください。

・顧問の会計事務所に相談してみる
・外部のコンサルタントに相談してみる
・アウトソーシングを検討してみる

もしかしたら、あなたは、手間やコストの問題から、タイムリーに現在地を把握することを避けているかもしれません。または、数字が苦手で、数字に疎いがあまりに正確な現在地をつかむ必要性を理解していなかったかもしれません。

しかし、タイムリーに現在地を把握して、都度、最適なルートをチェックして修正している会社と、1年に1回しか現在地を確認せず、次は1年後まで数字がわからない会社では、埋めがたい差が生じてしまいます。

ダイエットに成功するコツは、毎日体重計に乗ることだと聞いたことがあります。現実を見れば意識が変わり、行動にも変化が起きるというのが理由だそうです。

しかし、ダイエットに失敗する人は「食べ過ぎた後は体重計に乗りたくない」「やせてから体重計に乗ろう」といって現実逃避してしまい、結局いつまでたっても何も変わらないそうです。

「目的地」への到達を目指すという点で考えると、事業経営においても同じことがいえるでしょう。

・リアルタイムに現状把握をすること
・現状把握ができる体制をつくること

完璧を求め過ぎず、速報値で構わないのでタイムリーな数字を把握することで、問題点の把握が容易になります。また、問題点を発見したときに軌道修正もスピーディーに進められます。

そのためには、リアルタイムに現状把握できる体制を社内に敷いておかなければなりません。社長が推進力を持って進めることで、あなたの会社はきっと変化を遂げることでしょう。

第2章では、あなたが経営の羅針盤であるグーグルマップの設定ができない理由を考えてきました。先延ばしにしたり、目をそらしたりしてしまうことには、周りの環境だけでなく、あなた自身にも原因があることに気づいていただけたでしょうか。

世界的なベストセラー『思考は現実化する』（きこ書房）の著者ナポレオン・ヒルは、成功哲学を提唱しながらも、「この本を読むだけでは成功しない」と理解していました。そして実際に、読者から成功者はほとんど出なかったそうです。

ナポレオン・ヒルは、続編『悪魔を出し抜け！』（きこ書房）で、その理由を述べています。それは、ほとんどの人間は次のような行動をとるからです。

・流される
・自ら考えることをしない
・気づかないうちに社会にプログラムされて失敗へ導かれている

彼は、こうしたことを踏まえて「確固たる目的地と基準を持つことが欠かせない」と述べています。つまり、本書でいうところの「グーグルマップを設定する」ということですね。

では、次章からは、流されず、自ら考えられるようになるメソッドを具体的に解説していきましょう。

第3章

自社の状況を簡素化して理解する【ミニマム式健康診断法】

「孫子の兵法」はご存じでしょうか。あまりにも有名なので、聞いたことがない人はいないかもしれませんね。「孫子の兵法」は今から2500年前に中国の「斉」の孫武が記した世界最古の兵法書といわれています。

・なぜ戦争に勝つのか？
・なぜ戦争に負けるのか？

こうしたことを、過去のデータから分析してまとめています。今でいうところの「ディープラーニング」といったところでしょうか。

古くはナポレオンが座右の書として愛読したとされ、また、プロ野球で活躍した野村克也監督も「孫子の兵法」をベースに自らの野球理論を確立した話はよく知られています。そんな野村監督は「勝ちに不思議の勝ちあり、負けに不思議の負けなし」の名言を残しました。ビジネスシーンでもよく使われる言葉ですね。

このように昔から広く知られてきた「孫子の兵法」ですが、実は、ぼくは長らく詳しいことをほとんど知らずにきました。かろうじて聞いたことがあったのが、次の2つの有名なフレーズです。学生時代に漢文の授業で習った、薄い記憶です。

・敵を知り己を知れば百戦危うからず。
・百戦百勝は善の善なるものに非《あら》ず。戦わずして人の兵を屈するは、善の善なる者なり。
（戦って勝つのは下策。戦わずに勝つのが最上）

1つ目のフレーズは、「まずは敵（相手）を知ることが大事」という主旨の教訓だと認識していました。ところが、この理解は違っていたことを後から知ります。日本では、漢文の解釈違いから、この誤った教訓が広まってしまったそうですが、本国の中国はもちろんのこと、ヨーロッパをはじめ世界では、次のような解釈が常識だそうです。

・自分のことを知れば、敵のことを知らなくても勝負を五分五分にするのが定石
・自分のことを理解するだけで、危機管理の半分は成立する
・完全を追求するのではなく、まずは自分を理解することが重要

……おいおい、逆やんけ！


でも、この事実を知ったときに「まさに！」と納得しました。

ぼくのコンサルタントやＣＦＯという「企業参謀」としての経験の中では、中小企業の経営者が自社の財務状況を正確に理解されているケースは圧倒的に少ないものです。ぼくは、その点をずっと不思議に感じていました。

でも、客観的に自分を観察することが難しいのは、今に始まったことではなく、孫子の時代から変わらないことなのですね。時代を経て、さまざまな技術や情報がアップデートされても、人の本質は変わらないようです。

もしかしたら、情報過多な現代ではさらに自分を観察することが難しくなってい

るのかもしれません。

第3章では「孫子の兵法」の1丁目1番地である「自分の理解」を考えていきます。具体的には、グーグルマップのGPS機能ともいえる「自社の現在地の見方」について解説します。

ここからは、会計の言葉が登場します。でも、難しくないので安心してください。わからない箇所は、飛ばしてもらって構いません。

この章で、あなたに押さえていただきたいのは、たったの2点だけです。

①あなたの会社の評価額は客観的にいくらなのか？

②あなたの会社の借入金額は、あなたの会社にとって適正なボリュームなのか？

これだけ押さえてもらえれば、とりあえずは十分です。では、進んでいきましょう。

1. 身長測定（売上規模）

「大きさ」は気にしなくてもよい

会社を外部から評価する際の目安として、「あの会社は年商○億円」といった言い方をすることがよくあります。なんとなく、年商が多ければ多いほど優良企業であるかのように思えるかもしれません。でも、年商の多寡は、実はあまり気にすべきものではありません。

売上規模は、人間でいうところの身長のようなものです。例えば、バスケットボールやバレーボールなどのスポーツでは、選手の背の高さが1つの指標になるように、会社においても売上規模によって一定の評価ができることは事実です。

でも、中身の良しあしまで判断できるかというと、それはまた別の話です。実際、売上規模の大きい会社でも倒産するのは珍しくありませんし、そうした報道を耳にする機会も多いものですよね。

コンサルタントとして多くの会社を見てきましたが、売上金額が大きくてもほとんど利益が出ていない会社、手持ちのお金がほとんどない会社、売上が一時的で継続しない会社など、売上規模では単純に評価できないことを学んできました。

では、売上について考えるとき、どういった観点から評価すればよいのでしょうか。

大事なことは「バランス」

売上規模だけでは会社の中身の良しあしまではわからないと述べましたが、売上規模が一定の信用を与えることは事実です。特に銀行評価では、売上規模が融資を検討する評価指標の1つであるため、売上の絶対額が大きければ大きいほど、融資枠は増える傾向にあります。

人間で考えてみましょう。同じ運動をしても、体が大きい人と小さい人では、カロリー消費量は異なります。体が大きくなるにつれてカロリー消費量が増えるように、企業活動においても売上規模が大きいと、その分、循環させる血液、つまり「運転資金」が増えます。これが、銀行評価が売上規模に左右される理由です。

だからといって、売上規模が大きければ借入金額が多くても問題ないかというと、一概には判断できません。業種や業態、会社の個別事情によって適正な借入金額は異なります。つまり、ケースバイケース、絶対的な正解はありません。

大事なことは、バランスがとれているかどうか、です。置かれている環境、体質、業界特性、そして売上規模などを勘案して適切な借入金額になっていることが、自社にとってバランスの良い状態です。銀行の融資枠といった面では売上規模が評価項目の1つであることは事実ですが、それは会社全体の評価とは別軸になることを理解してください。

売上の中身が大事

では、どこに注目すればよいのでしょうか。

あなたは会社の売上の内訳を意識したことはありますか？　売上金額ばかりに目がいきますが、大事なことは、中身の分析です。

プロ野球で考えてみましょう。例えば、「４打数ノーヒット」という結果だけ聞くと「今日は調子が悪かったんだな」と思うかもしれません。しかし、その成績の裏には、次のような事実があったかもしれません。

・いい当たりだったけれど、相手守備のファインプレーでたまたまヒットにならなかった。
・相手ピッチャーが素晴らしい出来で、誰も打てなかった。

同様に、一見ヒットが続く好成績の試合であっても、「打球の飛んだ方向にたまたま誰もいなかった」、「相手のピッチャーの調子が悪かったので打てた」ということもあるでしょう。つまり、状況によって、結果と打撃内容はイコールではないこともあるのです。

あなたの会社の売上についても冷静に、そして少しシビアに評価してみてください。求められるのは客観的な「鳥の目」です。空高いところから全体を見渡すつもりで、俯瞰《ふかん》して振り返ってみてください。

・売上は安定しているか？　一過性のものではないか？
・特定の取引先や商品による売上に偏っていないか？
・利益は適正に確保できているか？
・過去と比較して売上・利益にどのような変化があるか？

売上に関する評価指標は後述しますが、指標はあくまでも目安です。大事なことは、「実際のところ、どうなのか」という点です。そしてそれは、一般的なものさしで計るのではなく、社長自身で分析しないことにはわかりません。

そして銀行もまた、ヒアリングをしながら、先に挙げたような点から、売上の内訳を見定めています。銀行だって、知りたいのは「売上がいくらか」ではなく、「どういった質の売上なのか」なのです。

2. 体重測定（借入金）

続いて、借入金について見ていきましょう。会社の売上規模が身長だとしたら、借入金は体重に当たります。

あなたは自社の借入金がどれくらいなのか、把握していますか？　ここでの借入金とは、金融機関からの借入に限定します。

借入金についてはさまざまな主張があります。「借りられるうちに、借りられるだけ、借りておけ」といった意見もあれば、「無借金経営が正解！」といった意見もあります。一体どの主張が正しいのかと悩んでいる経営者も多いのではないでしょうか。

前節で説明したとおり、売上規模が大きいほど銀行の融資枠は増える傾向があります。しかし、融資枠があるからといって目いっぱい借り入れることがベストとは限りません。逆に、銀行からの融資を全く受けないで事業を行うことが、全ての会社で目指すべき姿ともいえません。つまり、必ずしも、借入金が多いからダメだとか、少ないから良いというわけではないのです。

人間の体だって、「アスリート」と一くくりにしてもマラソン選手、騎手、相撲取り、体操選手など、競技によって理想とされる体格は異なりますよね。マラソン選手にとって体重が多いことは不利に働くかもしれませんが、相撲取りにとっては強みになるケースもあります。戦う競技や種目によって求められる身長や体重、筋肉量や脂肪量などが変わってくるように、企業活動でも適正となる借入額は各社で異なるのです。

売上規模と同様に、借入金もその多寡で一口に評価できるものではありません。借入金もまた、ボリュームだけではなく内容が重要なのです。そして、会社のステージによっても最適解は異なります。

確認すべき内容は、具体的には次の点です。

・会社の売上規模に対する借入金のボリューム（借入金の総額）
・借入金の使途（何に使っているのか？）
・借入金の条件

では、1つずつ詳しく見ていきましょう。

借入金のボリューム

自社の借入金は適正なのか？　多いのか？　それとも、少ないのか？　客観的な評価ができずに悩んでいる社長も多いのではないでしょうか。

設備投資や、自社不動産などの資産保有の有無といった前提条件や、業種によって必要となる運転資金の割合が異なるので、借入金のボリュームには一概に正解といえるものがありません。

しかし、目安となる考え方はいくつかあります。代表的な基準の1つが、売上をベースに借入金のボリュームを計る「借入金月商倍率」で、図3－1の式で求めることができます。

例えば、年商が1億２０００万円、借入金が４０００万円の会社の場合で考えてみましょう。計算式に当てはめると、この会社の借入金月商倍率は４倍、つまり月商の４カ月分となります。

借入金月商倍率の評価の目安として、一般的に次の指標が基準とされます。

3倍以内……………適正な借入額
3倍～6倍…………要注意
6倍以上……………借入過多

〔借入金月商倍率〕
借入金の残高が月商の何カ月分程度あるのかを見るもの

$$\text{借入金月商倍率（カ月）} = \frac{\text{借入金}}{\text{年間売上高} \div 12\text{カ月}}$$

例）年商1億2,000万円・借入金4,000万円の会社の場合

$$\frac{4{,}000\text{万円}}{1\text{億}2{,}000\text{万円} \div 12\text{カ月}} = 4\text{カ月}$$

図3-1　借入金月商倍率

ただし、業種によって設備投資や必要となる運転資金が異なるため、借入金月商倍率の水準も変わってきます。

まずは、あなたの業種の借入金月商倍率をチェックしてみてください（図３－２）。

借入金の使途（何に使っているのか？）

図３－３はおなじみの貸借対照表（バランスシート）です。

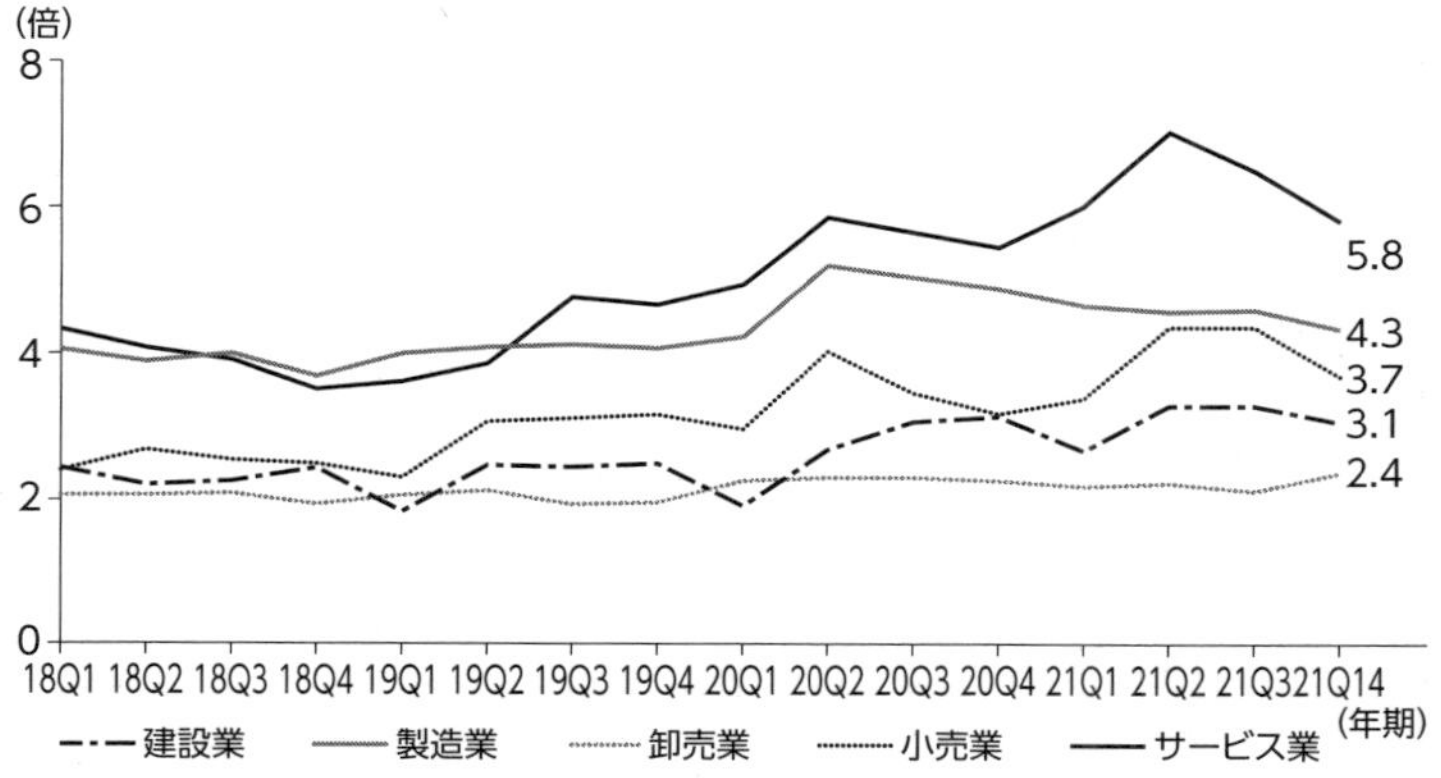

資料，財務省「法人企業統計調査季報」
(注)1．ここでいう中小企業とは資本金1千万円以上1億円未満の企業とする。
2．借入金月商倍率＝（金融機関短期借入金＋その他の短期借入金＋金融機関長期借入金＋その他の長期借入金＋社債）÷月商
出所：中小企業庁「2022年中小企業白書」

図3-2　業種別に見た借入金月商倍率の推移

貸借対照表（バランスシート）

単位：千円

現金	1,000	買掛金	20,000
預金	30,000	未払金	5,000
売掛金	35,000	未払費用	5,000
商品	25,000	借入金	80,000
仮払金	5,000		
貸付金	5,000		
機械	5,000	資本金	10,000
建物	20,000	利益準備金	1,000
土地	20,000	繰越利益剰余金	30,000
保険積立金	5,000		

会社の資産151、000千円

他人のお金 110、000千円

自分のお金＝単純な会社の価値 41、000千円

図3-3　貸借対照表

貸借対照表は苦手な方が多いので、ここではややこしい説明は省きましょう。とりあえず、次の3点のみ理解していただければ大丈夫です。

・左側は「会社が持っている資産」の内訳
・右側は「左側の財産を購入するお金がどこからきているのか」の内訳
〔他人のお金（借入金）＋自分のお金〕
・左側と右側は必ず同じ金額になる

最初に、図3－3の左側を見ていきましょう。「借入金を何に使ったのか」は、全て左側に載っています。

借入金の使途は非常に大事なチェックポイントです。特に、借入金月商倍率が3倍以上の場合は、

・過剰に保有している資産はないか

・事業に不要な資産はあるか

といった視点でチェックしてみてください。

左側の資産項目をチェックすることによって、実際に事業に必要な借入金がいくらなのかを確認することができますし、一方で事業に不要な資産を保有するための借入金もわかります。

また、銀行預金などのすぐに換金できる資産が多い場合は、すぐに借入金と相殺できるので、実質的には「お付き合いの借入金」という見方もできます。

借入金に見合った資産がない場合、(赤字体質で)借入金で赤字を埋めている可能性があります。そうだとすると、別の対策を検討する必要があります。

借入金の条件

借入金と一口にいっても、融資をする各金融機関の特徴や、融資を受ける側の財務状況、社長の知識（財務リテラシー）によって条件面に違いが生まれます。変数が多いため、各社を並べて単純に比較することは難しい一面もあります。

大事なことは、現状を知ること。まずは、あなたの会社の現在の借入金の状況をまとめてみましょう。押さえておくべき情報は、以下の項目です。

①金融機関の種類（メガバンク、第一地銀、第二地銀、信用金庫、信用組合、政府系、地元か越境か）
②金利（固定・変動）
③返済期間
④担保の有無（不動産、預金、生命保険など）
⑤保証協会の有無
⑥連帯保証の有無

こうした情報を図３－４のように一覧化してまとめておきます。そして、次のステップである「選択肢」を検討する際に活用します。

余談になりますが、複数の金融機関とある程度お付き合いがないと「選択肢」は限定的なものになってしまいます。取引金融機関が多過ぎるのも複雑でおすすめできませんが、相見積もりを取る要領で、意図して金融機関に競争環境を用意しておくことも重要です。

借入残高明細表

(単位：千円)

金融機関	種別	融資日	返済日	担保内容					当初借入額	利率	残高	毎月返済額		シェア
				不動産										
				物件	極度額	定期預金	保証協会	保証人名						
○○銀行 ○○支店	証書貸付	R4.5.19	5日				○	産能太郎	30,000	1.000%	23,250	元本	250	
												利息	19	
	証書貸付	R5.6.30	5日				○	産能太郎	20,000	1.400%	16,668	元本	238	
												利息	19	
										小計	39,918	元本	488	52%
												利息	38	
○○銀行 ○○支店	証書貸付	R4.12.14	31日				○	産能太郎	30,000	1.400%	22,860	元本	357	30%
												利息	26	
日本政策金融公庫	証書貸付	R2.3.9	15日	大阪市○○区○○1丁目8-22	10,000			産能太郎	20,000	1.700%	7,624	元本	238	10%
												利息	10	
○○信用金庫 ○○支店	証書貸付	R5.1.5	10日					産能太郎	10,000	3.475%	6,680	元本	166	9%
												利息	19	
									金融機関借入残高合計		77,082	元本	1,249	
												利息	93	

図3-4　借入明細一覧表

3. 胃カメラ（会社の評価額を把握する）

さあ、ここが本章「ミニマム式健康診断法」における一番の肝です。健康診断でいうならば、胃カメラに匹敵する大事な項目です。

・GPS上で、あなたの会社は現在どこにいるのか？
・あなたの会社の評価額は客観的にいくらなのか？

こうした点を把握することで、あなたの現在の立ち位置を正確に理解でき、状況判断が適切に行えるようになります。また、将来の相続事業承継やM&Aなどの出口戦略を考える際にも関連してくる大事なポイントです。

ぼくたちは健康診断を受ける際に、たった1つの項目の数値だけで健康かどうかを判断されることはありません。血液検査の結果に問題はなかったとしても、心電図に異常が認められたら、それは健康だとは言い難いでしょう。さまざまな角度から複眼的な検査や測定を行い、医師による問診まで行った上で、どこに問題があるのか、今後はどこに気をつければよいのかといった診断を受けます。

会社の場合も同様です。帳簿の数字はあくまでも表面的なものであり、実際の時価評価では資産を1つずつ精査して再評価をする必要があるのです。

評価を見直すと帳簿の数字よりも評価が下がるケースが多く、結果として、あなたの自己評価は実態よりも高くなっているのかもしれません。

自己評価が高過ぎる、いわゆる「勘違いさん」にならないためにも、評価方法をきちんと確認していきましょう。

この認識がズレると全ての状況判断の前提条件がズレてしまうため、ここが一番の肝となるのです。

時価での資産の評価方法

繰り返しお伝えしていますが、大事なことは「あなたの会社の現在地（評価）」です。過去の評価ではなく、また表面的な数字ではなく、実態に沿った現在の評価をする必要があります。

　では、78ページで確認した貸借対照表をもう一度見てみましょう。左側には資産が、上から順に換金しやすい順番に記載されています。

　項目を1つずつ、

・実際にあるのか？

貸借対照表（バランスシート）

単位：千円

会社の資産 151,000千円	現金	1,000	買掛金	20,000	他人のお金 110,000千円
	預金	30,000	未払金	5,000	
	売掛金	35,000	未払費用	5,000	
	商品	25,000	借入金	80,000	
	仮払金	5,000			
	貸付金	5,000			
	機械	5,000	資本金	10,000	自分のお金 ＝ 単純な会社の価値 41,000千円
	建物	20,000	利益準備金	1,000	
	土地	20,000	繰越利益剰余金	30,000	
	保険積立金	5,000			

図3-3（再掲）　貸借対照表

・売るといくらになるのか？

という観点でチェックしてみてください。勘定科目ごとに次の視点を参考にしてみてください。

現金

実際には、会社の金庫にほとんど現金がないケースも。会計の数字が合わず、決算時に「現金」で調整していないか。

⇓　実際に金庫にある現金を計算する

売掛金

回収できていない売掛金、回収できそうにない売掛金はないか？

⇓　回収可能な売掛金のみで評価する

商品

実際に商品はあるのか？　売れなくなった商品、価値が減少している商品はないか？

⇓　実際に売れる商品だけで評価する

仮払金、貸付金

回収は可能なのか？　本当に支払ったものなのか？

（決算時に合わない金額を社長名義の貸付金にしたままになっている、リベートなど経費で落とせない支出を社長名義にしている等）

⇓　回収可能な金額で評価

機械、車両運搬具

帳簿上は資産が残っているが、実際には価値がないケースも。減価償却不足など。

⇓　市場価格で再評価する

土地
購入したタイミングより地価が下がっていないか？
⇓　現在の市場価値で再評価する

保険積立金
経費で落としている保険料分は資産計上されていない。保険証券、設計書から解約返戻金をチェックする。
⇓　評価が上がるケースが多い

なお、それぞれの勘定科目の内訳は、決算書の「科目内訳書」に記載があります。ここでは詳しい説明は省きますので、不明な点は経理担当者や顧問税理士に確認してください。

こうした視点で再評価してみると、今までとは違う現実が見えてくるかもしれません。業歴が長い会社ほど帳簿の金額と時価評価にズレがあり、ギャップ金額も大きくなりがちです。

もし、あなたが今までこうしたギャップを認識してこなかったとしたら、それはあなたの周りの誰もが、あなたにこうしたネガティブな話をしたくなかったのかもしれません。

借入金が保証協会付だけの会社は、下手に時価評価をして評価が下がると保証協会の枠が小さくなってしまいます。そのため、銀行は、細かいことをあなたに言わず、この件については触れないままであることが多いものです。

しかし実際には、銀行がプロパー融資を検討する場面やＭ＆Ａの際に第三者があなたの会社を評価するときには、安全を考えて、あなたの会社の資産はさらにシビアに評価されます。あなたが「裸の王様」のように扱われ、現実を知らされていなかった場合、初めて現実を知る機会になるでしょう。

実質の債務超過に陥っていないか

「M&A等の際にはさらにシビアに評価される」と先述しましたが、あなたの会社は次のような項目も評価されます。

従業員の退職金

積立金不足があれば、決算書には計上されていない「隠れ負債」としてマイナス査定になる。

帳簿に載っていない債務

その他、帳簿に載っていない債務をチェックする（契約書の確認など）。

中小企業では、じっくり時価評価をすると実質債務超過に陥っていることが判明する会社も少なくありません。

貸借対照表の左側に記載のある会社の資産評価額が下がっても、右側の借入金などの負債（他人のお金）の評価は変わりません。

つまり、資産評価の減少分は、自分のお金（自己資本）から目減りします。自分のお金（自己資本）が減少して、ゼロよりマイナスになることを債務超過といいます。

図3－5では、帳簿評価では左側の資産合計が151、000千円あったのが、時価評価をすると評価が▲40、700千円下がり、110、300千円の評価になりました。

右側は帳簿上の110、000千円は変わらないものの、退職金の積立金不足が30、000千円発覚したので、他人のお金（他人資本）は140、000千円になります。

110、300千円の資産を全て換金して支払いに充当しても、140、000千円の他人資本を返済するには、▲29、700千円不足しています。もともとの帳簿上の自分のお金（自己資本）の評価は41、000千円でしたが、実態は▲29、700千円というのが本当の評価です。

バランスシート）

単位：千円

買掛金	20,000
未払金	5,000
未払費用	5,000
借入金	80,000
退職金積立不足	**30,000**
資本金	10,000
利益準備金	1,000
繰越利益剰余金	30,000

他人のお金
（他人資本）
110,000千円
変わらない

↓

140,000千円

自分のお金
（自己資本）
＝
単純な会社の
価値
~~41,000千円~~
~~300千円~~

↓

▲29,700千円

資産を再評価する

貸借対照表

会社の資産
~~151,000千円~~
↓
110,300千円
▲40,700千円

現金	**300** ~~1,000~~
預金	30,000
売掛金	**28,000** ~~35,000~~
商品	**20,000** ~~25,000~~
仮払金	**0** ~~5,000~~
貸付金	**0** ~~5,000~~
機械	**0** ~~5,000~~
建物	**10,000** ~~20,000~~
土地	**12,000** ~~20,000~~
保険積立金	**10,000** ~~5,000~~

図3-5　会社の

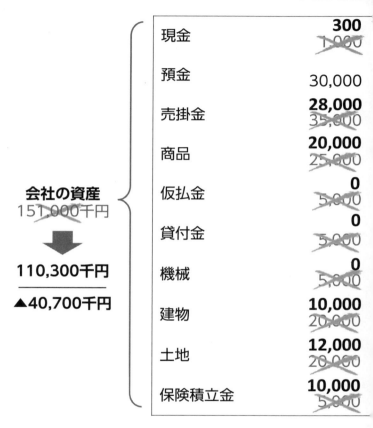

これは、仮に事業を廃業する場合には差額の29,700千円を支払わないと、負債（他人資本）を解消できません。払えない場合は、法的には破産という手続きになります。

中小企業の課題として後継者問題が叫ばれています。しかし実態としては、実質債務超過の会社ではM&Aで売却しようにもほとんど値段がつきません。負債だけが残るため、動くに動けない会社が多いのも現実です。

改めて、あなたの会社を再評価する手順をまとめましょう。

①資産を1つずつ時価評価する
②退職金積立不足などの「隠れ負債」を評価する
③①と②を踏まえて自分のお金（自己資本）を評価する

このような評価方法を「時価純資産方式」といいます。ここで現れた数字が、あなたの会社の「ガチの現在地」です。

実際のM&Aでの評価では、期待値や同業他社の株価評価を根拠にした評価方法や、「時価純資産方式」と掛け合わせた評価方法をとることもあります。しかし、需要によるバラツキが大きく、一概に評価を見積もるのが難しい面があります。

時価純資産方式の評価はシンプルでバラツキもないので、多くの中小企業経営者は、この考え方を基本に考えておくのがよいでしょう。

4. 診断結果（現在地）はどう変わったか

本章「ミニマム式健康診断法」では、あなたの会社の現在地を知るための視点を2つに絞って見てきました。

1つ目は身体測定、すなわち売上規模（身長）における借入金（体重）のボリューム診断です。借入金は必ずしも少ないのが良、多いのは悪というわけではなく、さまざまな要因によって適正バランスが変わってきます。

代表的な指標である、売上規模を目安とした借入金月商倍率を計算し、あなたの会社が「業界水準と比べてどうなのか」を確認してみてください。倍率が適正かどうかに併せて、「借入金を何に使っているのか」という内容のチェックも必要です。

2つ目が、健康診断の肝となる胃カメラ、すなわち資産の時価評価による自分のお金（自己資本）の把握です。時価純資産方式を紹介し、貸借対照表の各科目の内訳を現実に照らし合わせながら、1つずつ確認していきましたね。

自分のお金（自己資本）は、次の計算で求めることができます。

会社の資産の時価評価額 － 他人のお金（他人資本）＝ 自分のお金（自己資本）

ここで求めた「自分のお金（自己資本）」が、あなたの会社の評価額です。この評価額を発行株式数で割った金額が株価評価になります。

ここまで、経営の羅針盤をグーグルマップに例えて「自社の現在の立ち位置はわかりますか？」と、たびたび質問を投げかけてきました。

本章で計算した「自分のお金（自己資本）」こそが、あなたの現在地です。目的地に近い場所にいると思っていたのに、想像よりもずいぶん離れた場所に位置していて驚いた方もいらっしゃるかもしれません。

でも、心配はいりません。旅行でも、現在地がわかりさえすれば、タクシーに乗ってショートカットしたり、日程を見直したりして軌道修正を図ることができます。経営でも、正確な現在地がわかったら、次に取るべき手だてが具体的に見えてきます。

続く第４章では、あなたの会社の「稼ぐ力」を確認していきましょう。

第4章

お金の流れを可視化する【自社の手取り額を知る】

第3章では、あなたの会社の健康診断を行い、「現在地」を確認しました。漠然としていた現在の立ち位置がクリアになり、目的地とのギャップも把握できたことでしょう。

次のステップは、目的地に対しての手段や方法を選択することです。手段や方法を選択する際に必ず押さえておくべきこと、それは「予算」です。

予算とは金銭的なものと時間的なものの2つの意味合いがありますが、ここでは金銭的な予算に絞って考えていきます。

飛行機、新幹線、在来線、バス、タクシー、徒歩など、移動方法を検討する際にも予算がわからないことには決めることができませんよね。また、予算によっては目的地自体を変更することも視野に入れなければなりません。

経営における「予算」は、誰かから与えられるものでもなければ、自然と湧き出てくるものでもありません。どこからどれくらいの予算を捻出するのか、自ら検討しなければなりません。

予算を知ることは、自社にどれだけ稼ぐ力があるかを知ること、いわば「体力診断」のようなものです。では、一緒に見ていきましょう。

1．あなたの会社はいくら稼いでいるのか

額面と手取り

給与所得者の場合、会社から支給される「額面金額」と、実際に受け取る「手取り金額」の間には、無視することのできないほど大きな差があるものです。これは、額面金額から社会保険料や税金が引かれるので、その分、手取りが減少するためです。昨今はステルス増税が話題なので、実感があるのではないでしょうか。

会社の手取り

会社も個人と同じように、会社の決算書上の「額面の利益」がそのまま現預金として増えるわけではありません。つまり、会社にも「手取り」があるのです。

会社での手取りは、図4－1の計算式で求めます。

税金を支払った後の利益（税引き後利益といって、損益計算書の一番下に記載する）に減価償却費を足した金額が、会社が稼いだ「手取り」です。

「減価償却費」は、設備や建物、車両など複数年にわたって事業に利用できる資産を購

給与所得者の手取り額

手取り金額 ＝ 額面支給額 － 社会保険料 － 税金

会社の手取り額

会社の手取り＝ 税引き後利益 ＋ 減価償却費
（返済財源）

図4-1　手取り金額の計算式

入した場合、単年で経費化するのではなく複数年にわたって経費化するように会計ルールで決められています。

でも実際には、対象資産を購入した年度に購入先へ全額支払いを済ませていますよね。翌年以降は購入先への支払いはありません。ですから、「会社の手取り（返済財源）」を求める際には、支出のない経費を補正するために減価償却費分を足し戻して計算します。

ただし、融資を受けて支払いをした場合は分割払いのようなイメージになる方もいるので留意してください。現在の支払いは金融機関への返済となります。これは資産の購入代金とは分けて考える必要があります。

「会社の手取り」のイメージが湧きましたか？　この「会社の手取り」こそ、あなたの会社の現状の稼ぐ力です。

2. 借入のバランス（メタボ診断）

第3章では、借入金のボリュームが適当かどうかを判断する基準の1つとして、売上規模をベースとした「借入金月商倍率」を紹介しました（76ページ参照）。その際、業種によって必要となる運転資金のボリュームや、会社ごとに設備投資等の有無などに違いがあるので、単に数字だけを見るのではなく、「問診」といった中身のチェックが必要だと説明しました。

借入金の診断は多面的に実施することで、より実態に沿った評価が可能になります。ここでは、借入金のボリュームを会社の「稼ぐ力」に焦点を当てた評価指標を紹介します。

絶対額だけでは判断できない

個人の場合で考えてみましょう。年商１億円の経営者Ａさんと、年収３００万円の会社員Ｂさんの２人がいます。ＡさんとＢさんは、住宅購入のために同じく８０００万円の借金をしました。

詳しい計算をしなくても、ＡさんとＢさんでは、この借金の負担が全く違うことは想像できると思います。言うまでもなく、年収３００万円のＢさんの方が借金への負担が大きく、長い年月をかけて返済が必要になりますよね。

「稼ぐ力」に対して借入金のボリュームが

債務償還年数

数値が小さいほど余力がある。「10年以内かどうか」が目安になり、5〜7年以内が理想的。15年を超えると借入金が多いとされる。

債務償還年数 ＝ 借入金 ÷ 返済財源
（税引き後利益 ＋ 減価償却費）

図4-2　債務償還年数

大き過ぎるのは債務超過の恐れがあります。健康に例えるならば「メタボリックシンドローム」、運動不足によりエネルギー消費量は少ないのに肥満で内臓脂肪が多く、生活習慣病の一歩手前の状態です。

会社のメタボ診断法

会社におけるメタボ診断ともいえるのが、「債務償還年数」という指標で、図4－2の計算式で求められます。債務償還年数は、現在の借入金を「会社の手取り」（返済財源）で返済するのに必要な年数を示す指標です。つまり、会社の「稼ぐ力」に対しての借入金

〔C 社のケース〕

年商	2億4,000万円	税引き後利益	500万円
借入金	8,000万円	減価償却費	300万円

〔債務償還年数〕

8,000万円÷800万円（500万円＋300万円）＝10年

図4-3　C社の債務償還年数

のボリュームの負担を数値化しています。

では、ここでＣ社を例に取り上げてみましょう。図４－２の計算式に当てはめて、債務償還年数を出してみたのが、図４－３です。

Ｃ社の債務償還年数は「10年」という結果になりました。債務償還年数は数値が小さいほど余力があり、「10年以内かどうか」が目安になりますから、Ｃ社のケースは「収益から返済が可能な範囲内の借入金額」という評価になります。

「稼ぐ力」、すなわち債務償還年数について、ざっくりと理解いただけたでしょうか。

なお、債務償還年数を計算する際には、経常運転資金分は借入金額から外して計算しますが、借入限度額の目安としてはそのまま評価することもあります（経常運転資金は、第５節で後述します）。

3. 会社は手取り額の範囲内で生活できているのか

102ページで、会社の手取り額（返済財源）は次の式で求められると述べました。

〔会社の手取り額〕
会社の手取り（返済財源）＝税引き後利益＋減価償却費

実際の会社のお金の動きでは、この計算式には含まれていない「支出」があります。個人に例えるならば、住宅ローンや積み立てを給与天引きにしているようなイメージだとお考えください。会社から支給される額面金額から社会保険料や税金が引かれ、さらに、住宅ローンや財形貯蓄などの積み立てが天引きされ、残った金額が自由に使えるお金ですよね。

会社において、そうしたローンや積み立てに該当する支出が、「銀行への返済」など、会計上は経費には含まれない支出です。

例えば、銀行へ支払う「利息」部分は経費に入りますが、単に借りているお金を返す「元金返済」部分は、経費に含みません。ほかにも、「銀行積立」や「生命保険への積立部分」の支出も経費には入りません。

しかし、経費に入らなくても、実際には会社からお金は出ていきます。お金が外部へ流出することを「キャッシュアウト」といいますが、この経費に計上されていない支出（キャッシュアウト）をカウントした後の収支がプラスかマイナスか、という点

収　支

返済財源　　－　　**経費で落ちない支出**

(税引き後利益＋減価償却費)　　(銀行返済 － 銀行積立－生命保険)

収支 ＝ 返済財源 － 経費で落ちない支出 ＞ 0

⇨ お金が回っている (手取りで生活できている)

収支 ＝ 返済財源 － 経費で落ちない支出 ＜ 0

⇨ お金が回っていない (手取りで生活できていない)

図4-4　お金が回っているかどうか

が超重要です。ここは、しっかりとイメージを持ってくださいね。

具体的な計算式を図4－4に示しています。返済財源から経費で落ちない支出（キャッシュアウト）を引いた額が0より大きければ「お金が回っている」（手取りで生活できている）、0より小さければ「お金が回っていない」（手取りで生活できていない）と判断することができます。

実際に数字を入れて考えてみましょう（図4－5）。

C社の場合、返済財源は800万円あるものの、経費で落ちない支出が計2020万円もあるため、1220万円の不足が生じています。言い換えると、会社の手取り800万円に対して、2020万円使ってしまっているという状態です。

この状況だと、手元の現預金は年間1220万円減少していくということですから、手元の現預金が少なくなり、折り返し融資を打診する、という状態に陥ることが予想されます。これが「お金が回っていないパターン」です。

〔C 社のケース〕

年商	2億4,000万円
借入金	8,000万円
税引き後利益	500万円
減価償却費	300万円
銀行返済	1,600 万円/年
銀行積立	120万円/年
生命保険	300万円/年

〔返済財源〕

税引き後利益　減価償却費
500万円 ＋ 300万円 ＝ 800万円

〔経費で落ちない支出〕

銀行返済　銀行積立　生命保険
1,600万円 ＋ 120万円 ＋ 300万円 ＝ 2,020万円

〔返済財源 − 経費で落ちない支出〕

800万円 − 2,020万円 ＝ ▲1,220万円

図4-5　C社の収支

「会社の手取り」より「経費で落ちない支出（キャッシュアウト）」の方が多いと、不足分を補うために次第に借入金額は増加し続けます。

この「お金が回っていないパターン」では、蛇口からどんどん水が流れ出てしまっているため、継続的な給水が必要な状態です（図４－６）。

そもそも、「給水」が必要になる原因には、次の生活習慣や体質に課題があることが考えられます。

・返済額を減らせないか

・返済財源を増やせないか

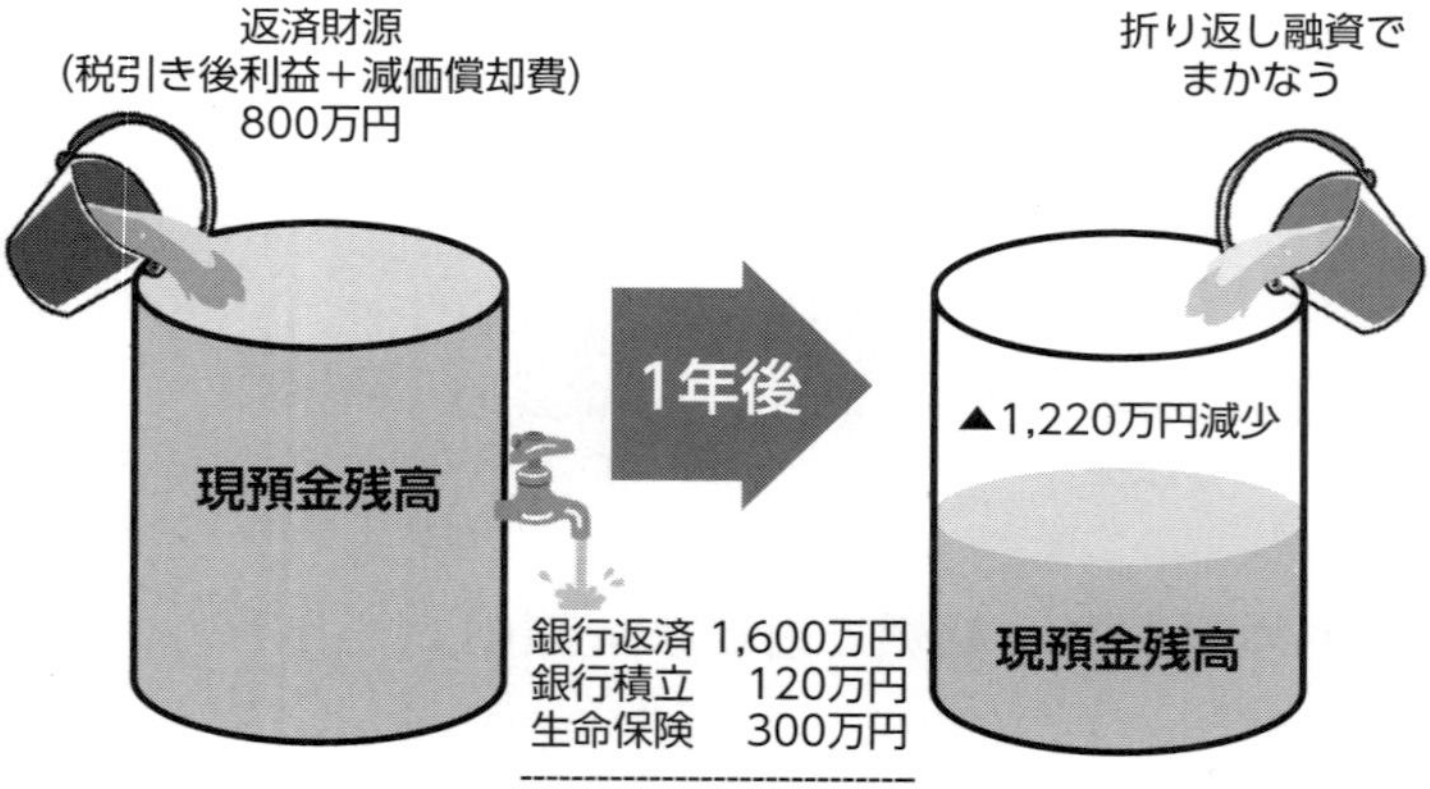

図4-6　お金が回っていないパターン

〔D 社のケース〕

年商	2億4,000万円
借入金	8,000万円
税引き後利益	600万円
減価償却費	300万円
銀行返済	800 万円/年
銀行積立	0円/年
生命保険	0円/年

〔返済財源〕

税引き後利益　減価償却費
600万円　＋　300万円　＝ 900万円

〔経費で落ちない支出〕

銀行返済　銀行積立　生命保険
800万円　＋　0円　＋　0円　＝ 800万円

〔返済財源 － 経費で落ちない支出〕

900万円 － 800万円 ＝ 100万円

図4-7　D社の収支

・借入依存体質に陥っていないか

・（経費で落ちない）支出が多いのではないか

思い当たる原因はありませんか？　改善策は後ほど見ていきましょう。

続いて、別のケースを見てみましょう。図４－７に挙げるＤ社のケースはどうでしょうか。

Ｄ社の場合、返済財源は９００万円あり、銀行返済が年間８００万円。このほかに支出（キャッシュアウト）はないので１００万円のプラスが生じています。つまり、結果として年間１００万円、手元

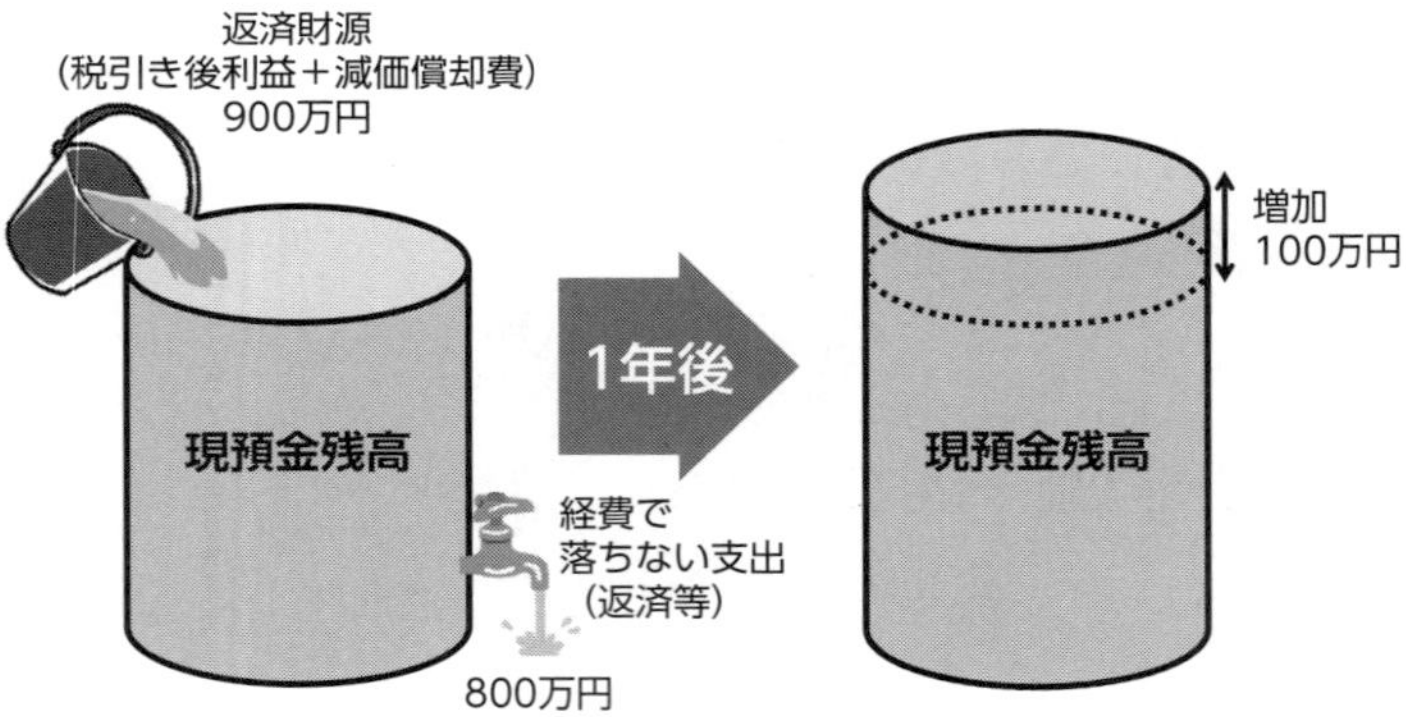

図4-8　お金が回っているパターン

の現預金が増加します。これが「お金が回っているパターン」です。

このパターンでは、返済した金額だけ毎年借入金が減少し、手元の現預金残高が増加します。この状態が続けば、いずれ借入金額はゼロになり「無借金経営」が実現します（図４－８）。

「実質無借金状態」は中小企業の理想の１つ

借入金額がゼロまで減少しなくても、手元の現預金が増えて、いつでも借入金を返済できる状態を「実質無借金状態」といいます。

中小企業の1つの理想は、実質無借金の状態を実現して、（借入ではなく）手元のお金で次の事業投資ができる体質をつくり上げることだと、ぼくは考えます。

完全な無借金でもよいのですが、ぼくは「実質無借金状態」を勧めています。というのは、いざというときに銀行と全く付き合いがないと、融資実行までに時間がかかってしまうためです。ある程度はお付き合いをしておくことで、いざというときに頼れる存在になってくれることでしょう。

「ダム式経営」

パナソニック創業者である松下幸之助さんは、かつて、中小企業経営者から経営のコツを教えてほしいと質問を受けました。そこで、少し余裕を持った状態をダムにたまった水に例えて、「ダム式経営」を目指すことを説きました。

つまり、中小企業の経営において「お金が回っているパターン」をつくり出し、結果的に余裕を持って手元の現預金残高を確保することの重要性を伝えたのです。

当時、初めて「ダム式経営」について聞いた多くの経営者は、「そんなことができるなら誰でもやるわ」といって憤慨したそうです。そうした声に対して松下幸之助さんは、「まずは本気で目指すことです」と答えました。

多くの方はこの答えが腑《ふ》に落ちずに「ぽかーん」としてしまい、かなりおかしな空気になったそうです。ところが、参加者の1人で、後に京セラを世界的な企業に成長させた稲盛和夫さんは「なるほどっ！」と感銘を受けたというエピソードがあります。

この話をぼくなりに解釈すると、次のようになります。

・目的地を明確にして
・具体的な方法を考える
・後は、やるぞっ！と意気込んで本気で取り組む

では、「ダム式経営」の実現を阻害する原因には、具体的にはどういったことがあるのでしょうか。一緒に確認していきましょう。

4. 現状の負荷診断

資金は、会社における血液のようなものです。支出（キャッシュアウト）の方が多い状態は、つくられる血液より出血の方が多いということなので、次第に体力が奪われていきます。「会社の手取り」（返済財源）から資金が流出する、経費で落ちない支出（キャッシュアウト）にはどういったものがあるのでしょうか。

経費で落ちない支出（キャッシュアウト）のうち、代表的なものをピックアップしました。

銀行への元金返済
利息は経費で落ちるが、元金は借りているお金を返済するだけ。同じ借入金でも返済期間の長さによって毎月の返済金額は異なる。

銀行への定期積立・定期預金

銀行にお金を預けるだけなので経費では落ちない。銀行の預金口座でお金が固まってしまいがち。

生命保険の資産計上部分・貯蓄機能のある生命保険商品

税制変更により４割経費、６割資産計上が主流。預けた生命保険会社でお金が固まってしまう。退職金準備の目的もあり、金額が大きくなりがち。最近ではドル建てや変額の一時払終身保険が流行している。一時払終身保険は全額資産計上。長期間保有できれば利回りがよいのが特徴。

売掛金の増加

商品やサービスを販売後、資金化するまでの期間の立替払い。売上が増加すると立替金額も増加する。

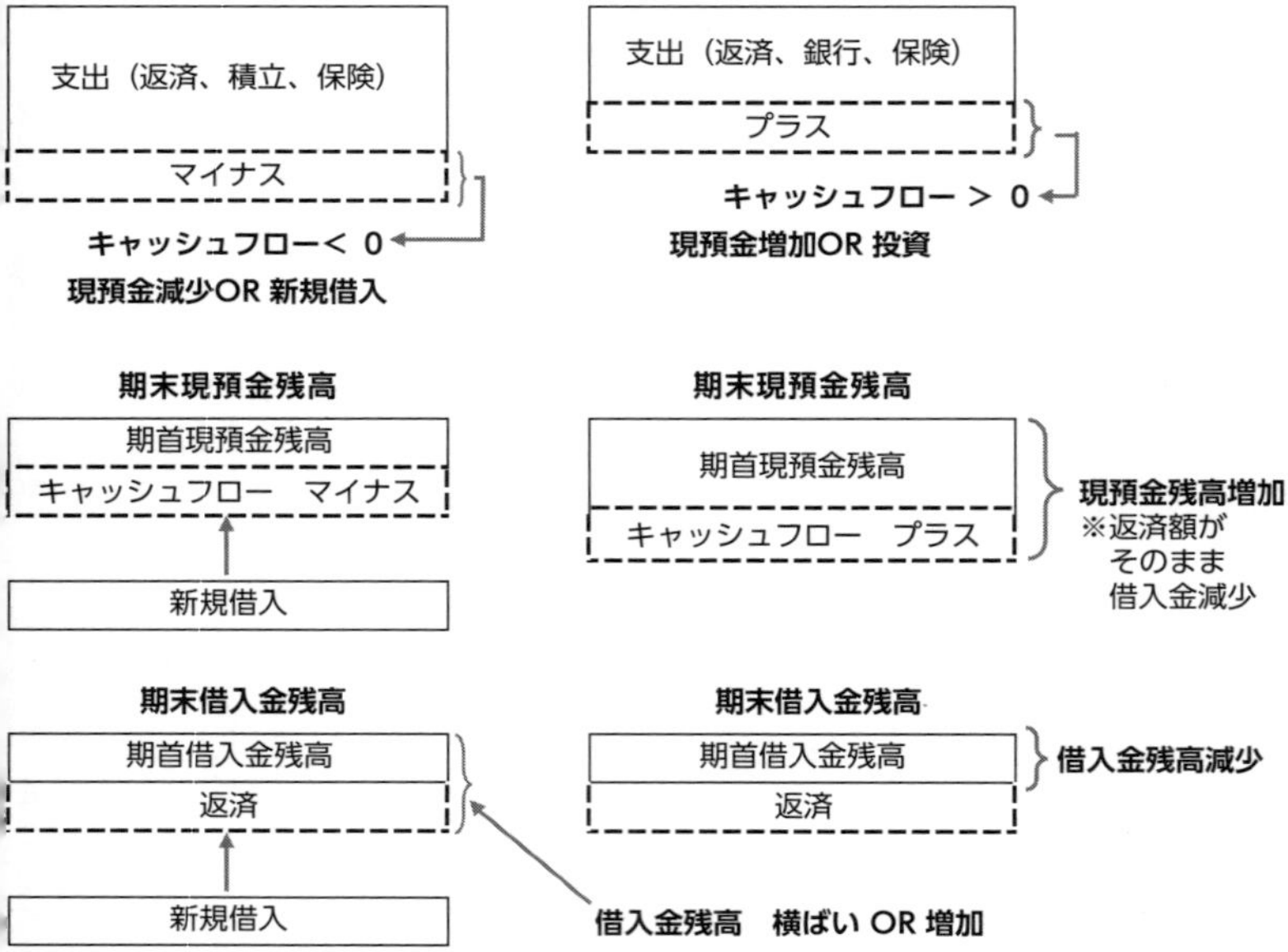
支出（返済、積立、保険）
マイナス
キャッシュフロー＜ 0
現預金減少OR 新規借入
支出（返済、銀行、保険）
プラス
キャッシュフロー ＞ 0
現預金増加OR 投資
期末現預金残高
期首現預金残高
キャッシュフロー　マイナス
新規借入
期末現預金残高
期首現預金残高
キャッシュフロー　プラス
現預金残高増加
※返済額がそのまま借入金減少
期末借入金残高
期首借入金残高
返済
新規借入
期末借入金残高
期首借入金残高
返済
借入金残高減少
借入金残高　横ばい OR 増加

ブロック図

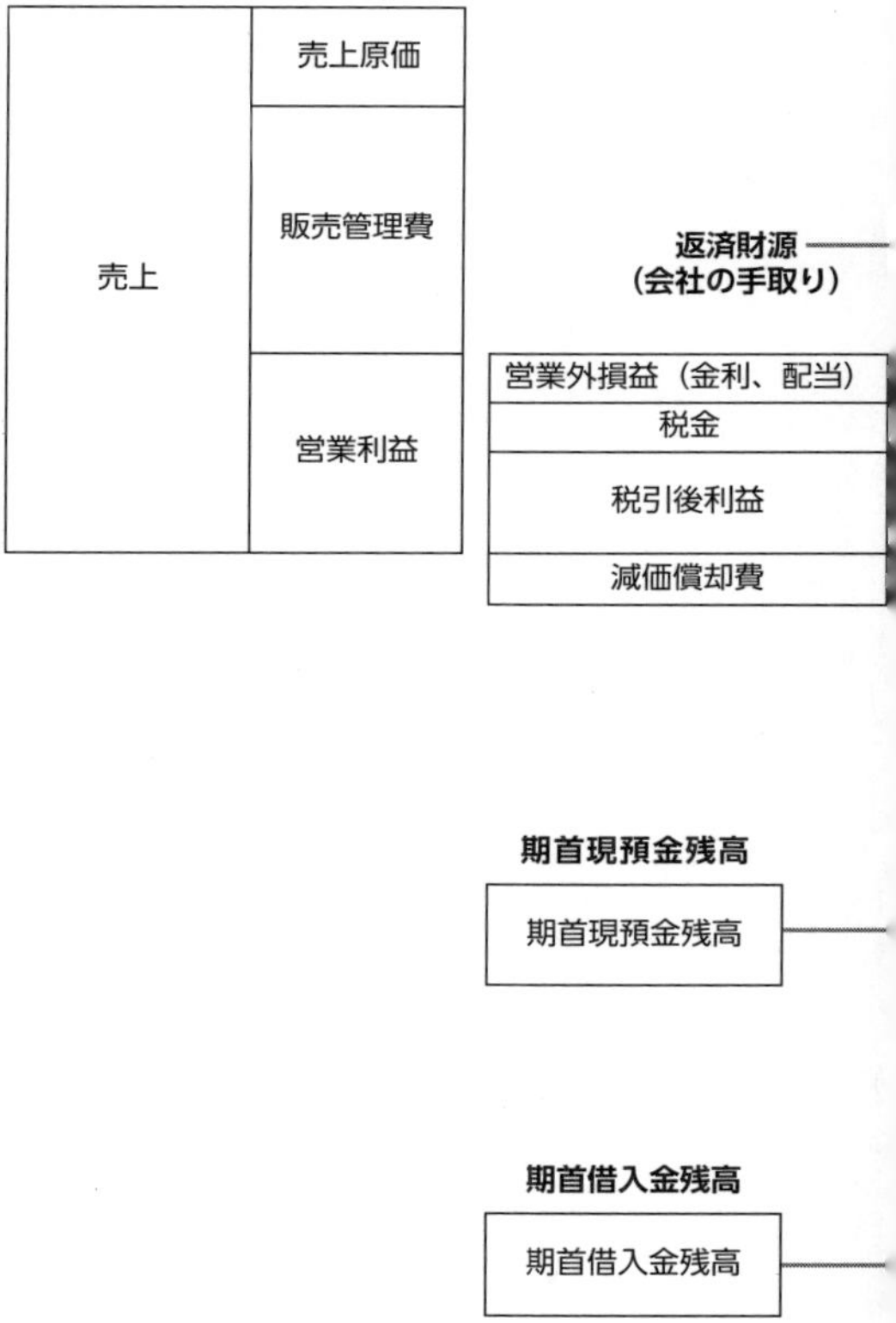
売上原価
販売管理費
売上
営業利益
返済財源
（会社の手取り）
営業外損益（金利、配当）
税金
税引後利益
減価償却費
期首現預金残高
期首現預金残高
期首借入金残高
期首借入金残高

図4-9

在庫の増加
商品、原料などの立て替え。在庫が多いと商売上、多様なニーズや需要に対応ができるが、その分、資金負担も大きくなる。

これらの支出の良しあしを一概に決めることはできません。しかしながら、「会社の手取り」よりも支出（キャッシュアウト）が多いのであれば、それは「ダム式経営」に逆行して、資金に余裕のない体質に陥ります。

あなたの会社の支出（キャッシュアウト）を1つずつ確認して、それぞれ目的や効果を検証しながら会社に与える負荷について考えてみてください。

図4−9では、会社の売上、経費、返済財源、現預金残高、借入金残高の相関関係をまとめています。感覚として資金の流れを把握できるので、あなたの会社の数字を入れてみて、どうすれば「ダム式経営」を目指せるのかをイメージしてみてください。

5. 予算と手段の選択肢

第3章では、あなたの会社の「現在地」を確認しました。そして第4章では、目的地に対しての手段を選択するための基準となる「予算」の考え方を見てきました。会社の手取り額（返済財源）を知り、予算の見方がわかると、手段を選択する際に制約が生じるようになります。おのずと意思決定の優先順位に変化が生まれると思います。

資金に余裕がある状態とは「お金が回っているパターン」、つまり「ダム式経営」を目指せている状態です。あなたの会社がこの状態にあるならば、特に問題はありません。「実質無借金経営」の実現を目指し、さらなる事業投資を行うなど、次のフェーズへ進めてください。税金の対策を検討するのもこのフェーズに入ってからです。

しかしながら、中小企業の多くは資金に余裕がない状態、つまり「お金が回っていないパターン」でしょう。「会社の手取り」以上に支出（キャッシュアウト）が多い状態です。こうした状態に陥る原因は、本業の事業経営以外にあるケースがしばしば見られます。

「お金が回っていない状態」

・過度な節税
・銀行担当者が恣意的に「借入金がなくならないような貸し方」をしている
・経営者が「予算の見方」を知らない

お金が回っていない背景には、こうした原因が潜んでいることが多いのです。

では、どうすれば手取りの範囲内に収まるように、支出（キャッシュアウト）をコントロールできるのでしょうか。

支出（キャッシュアウト）を手取りの範囲内に抑える方法は実にシンプルで、次の2つしかありません。

・手取り額（収入）を増やす
・支出（キャッシュアウト）を減らす

では、「手取り額（収入）」を増やす」または「支出（キャッシュアウト）を減らす」にはどうすればよいのか、図4－10のマインドマップに沿って考えていきましょう。

①手取り額（収入）を増やす

手取り額を増やすには、売上自体を増やす方法と、利益率をアップさ

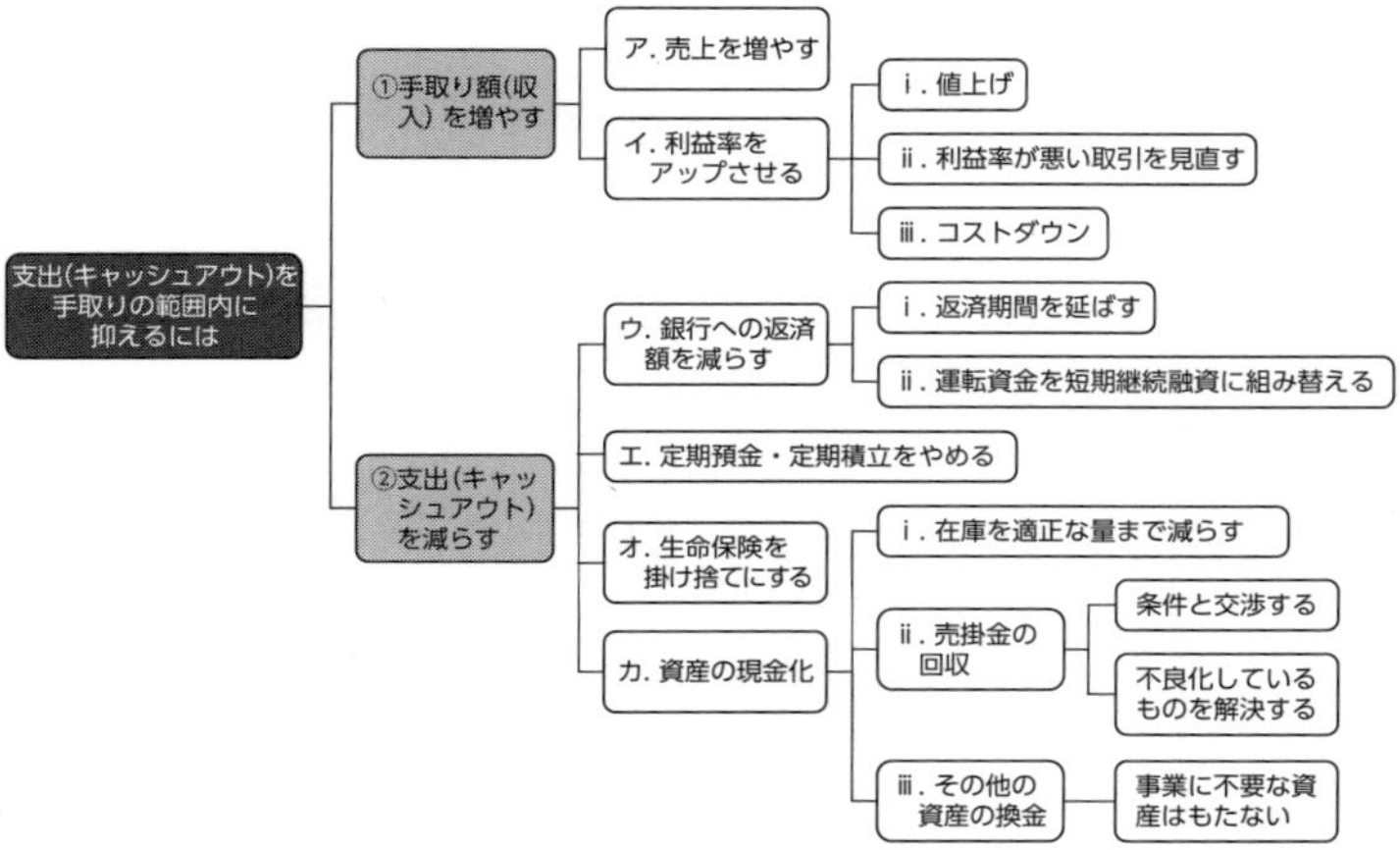

図4-10　支出（キャッシュアウト）を手取りの範囲内に抑える方法

せる方法に分けられます。

ア．売上を増やす

業種によって違いますが、売上は大まかに、次の3つの項目の掛け算に分解することができます。

売上 = 単価 × 客数 × 購入頻度

続いて、それぞれの項目をさらに細かく分解してみましょう。売上を増やすために何ができるかを検証してみてください。

単価

付加価値の高い商品やサービスを提供する、値上げ など

客数

新規の顧客を増やす、代理店を開拓する、販路を見直す、店舗を増やす、ＳＮＳを活用する など

購入頻度

商品アイテムを増やす、キャンペーン など

イ．利益率をアップさせる

利益率を上げるには、どんな方法があるでしょうか。業種業態によっても異なりますが、主な手段は「値上げ」「利益率が悪い取引の見直し」「コストダウン」が考えられます。１つずつ見ていきましょう。

イ-ⅰ　値上げ

値決めは経営であり、値上げは利益率アップの肝です。特に、いわゆる「下請け」

価格改定のお願い

20XX年X月XX日

昨今、労務費・水道光熱費など**物価上昇に伴うコストアップ**や**製品構成の変化**により**収益が圧迫**されております。
安定的な製品供給および過去の値下げ実績を踏まえ、不本意ながら値上げをご検討いただけますと幸いです。

〈売上高の推移〉

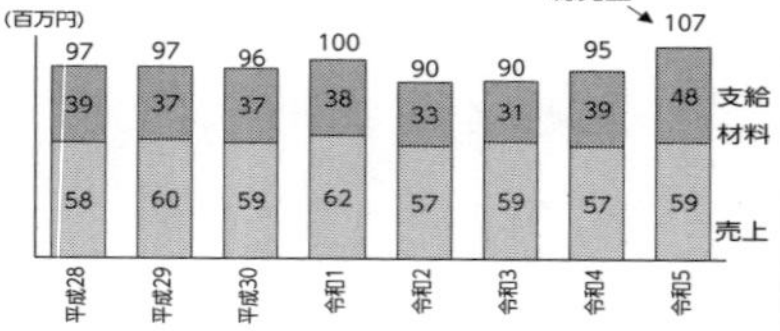

〈損益計算書〉

(百万円)

費目		令和5年度	
売上	総売上	107	
	支給材料	**△48**	
		59	
変動費	労務費	20	33.8%
	水道光熱費	5	9.1%
		25	43.0%
限界利益		34	57.0%

〈限界利益・限界利益率の推移〉

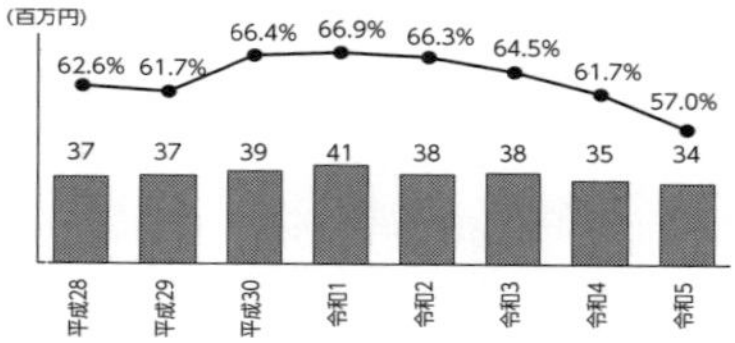

値上希望額の考え方

案 (百万円)	値下3回 相当
令和5年売上	59
値下率	25.0%
値上希望額	14.8

企業努力

①：外注作業の内製化

②：電力料金体系の見直し、工場照明のLED化、再生エネルギーの活用(太陽光発電)、
空調設備の設定温度変更、装置非稼働時の電源オフなどによる水道光熱費の抑制

③：修繕頻度の見直しや、日常メンテナンスの取り組みによる修繕費用の抑制

④：リース資産の買い取りによる、新規設備投資の低減

外部環境

人件費・電力料金など**継続的な値上げ**の発生

出典：日本銀行調査統計局の「国内企業物価指数」を参考に計算

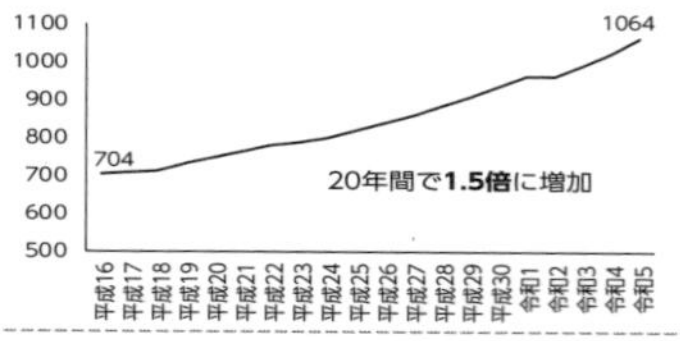

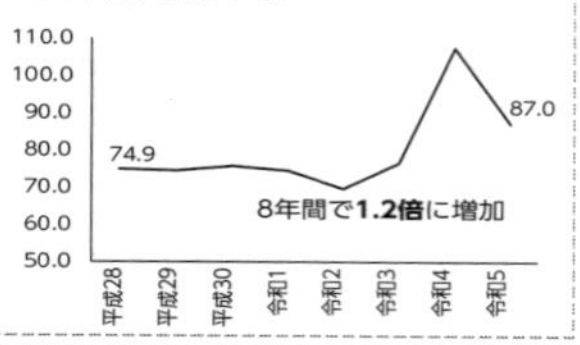

図4-11 価格交渉における資料の例

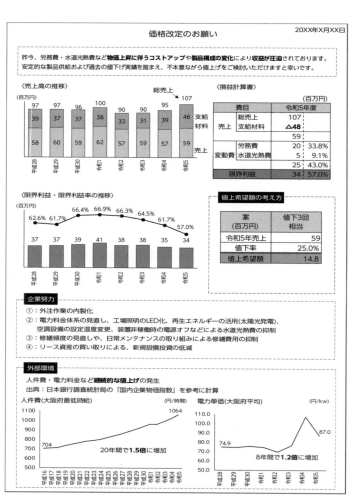

を商売としている場合には大きな効果が見込めます。

しかし、仕入れは値上がっているが価格転嫁が難しいというケースもあるでしょう。また、特に製造業や建設業では原価管理があいまいな会社が多く、取引先に交渉できていないケースも散見されます。

価格交渉をする際は、図４−11のように可能な範囲で構わないので分析したデータをまとめて、口頭ではなく紙面で相手に伝えることが大事です。最近は、公正取引委員会なども積極的に乗り出しており、「下請け」会社でも交渉しやすい環境が整ってきています。

イ−ⅱ　利益率が悪い取引を見直す

利益が確保できていない取引先や商品はありませんか？　取引先によっては、利益が高い商品と利益が低い商品が混ざって取引されており、トータルでは利益を確保できているケースもあるかもしれません。

図４−12は、Ａ社とＢ社それぞれの取引状況を一覧化したものです。まず「取

引先」という軸で見てみましょう。売上だけ見ると、A社は1、600万円、B社は1、500万円と大差ないように思えるかもしれません。しかし、粗利はA社600万円に対し、B社は300万円と2倍もの開きがあります。

続いて「商品」の軸で見てみます。主力商品である商品aの粗利率はA社30%、B社16・7%です。一方、売上的には商品aに劣る商品bですが、粗利率はA社50%、B社33・3%であり、商品aより利益率が高いことがわかります。

こうして一覧化してみると、売上を追うだけでは見えていなかった事実が浮かび上がってくるでしょう。

取引先については、取引にかかる手間や資金の

(単位：千円)

取引先	商品	売上	粗利	粗利率
A社	商品a	10,000	3,000	30.0%
	商品b	6,000	3,000	50.0%
	合計	16,000	6,000	37.5%
B社	商品a	12,000	2,000	16.7%
	商品b	3,000	1,000	33.3%
	合計	15,000	3,000	20.0%

図4-12　利益率を確認する

負担まで考えた上で、取引を継続することが自社にとって良いことなのかどうかは、慎重に判断したいところです。利益の出ない取引先に限って、数字に表れにくい負担が生じているケースも結構あるものです。

また、商品については、販売ロットの減少による経済的なデメリットが生じる可能性もあるので単純には判断できませんが、案外利益の出ていない取引先を見直すことで商品の利益も改善されるケースがよくあります。

赤字の会社に限って、利益の出ない取引をズルズルと続けていることがよくあります。さまざまな事情があるのかもしれませんが、利益率が悪い取引先や商品は早めに見直し、別の取引の可能性を探った方が良い結果をもたらすのではないでしょうか。

いくら利益率が低いとはいえ、これまで関係を築いてきた取引先や既存の商品を見直すことに不安を覚える社長もいるでしょう。もし売上がなくなれば、どうにかしないといけない状況に追い込まれます。しかし、強制的にそうした状況に追い込まれると、新たな出会いやサービスを考えなければと必死になり、結果的に事態が好転するケースもあるものです。

「できる」という言葉は「出来る」と漢字で表されます。つまり、「出る」から「来る」。「出る」とは発生すること、新しく生み出すことです。そうしたチャレンジをするからこそ、「来る」のです。ぜひ、勇気を持って一歩踏み出してください。

イ–ⅲ　コストダウン

ここでいうコストダウンは、返済財源を増やすための経費削減のことです。コストダウンによって返済財源が増えれば、それだけ「ダム式経営」に近づくことができます。

特に同族会社でありがちな話ですが、「税金を払いたくない」という思いが強過ぎる社長が多いようです。また、税理士にも「節税してなんぼ」的な風潮が残っていますから、あらゆる節税策に手を出して過度な節税に走りがちです。

節税したいという気持ちはすごく理解できます。しかし、そうした方法の多くは経費を使うケースがほとんどです。それは結果的に返済財源を圧迫してしまいます。

お金が回っていない状態、つまり「ダム式経営」が実現できていない場合、節税にかかる費用の出どころは、結局、銀行からの融資になります。それは金利負担や借入余力の低下となって会社に跳ね返ってきます。

税金は安くなったけれど金利負担が重く、借入余力がなくなったら本末転倒であって、結局何をしたかったのかわかりませんよね。

・役員報酬
・接待交際費
・生命保険
・(使っていない) クラウドサービスやサブスク

こういう支出は「意思決定経費」といわれます。仕入れや人件費などの「相手」がある経費ではないので、社長の一存ですぐに見直しが可能です。お金が回っていない状態であれば、まずはあなたが着手できるところから経費削減に取り組んでみてください。

②支出（キャッシュアウト）を減らす

支出（キャッシュアウト）を手取りの範囲内に抑える2つ目の方法は、支出（キャッシュアウト）を減らすことです。ここでのキャッシュアウトとは、「経費で落ちない支出」のことです。

「入るを量りて出ずるを制す」という言葉はご存じですか？　これは「収入を正確に計算し、それに応じた支出をする」という意味の言葉です。

元ネタは中国古典の『礼記・王制』において国の予算を決めるための心得

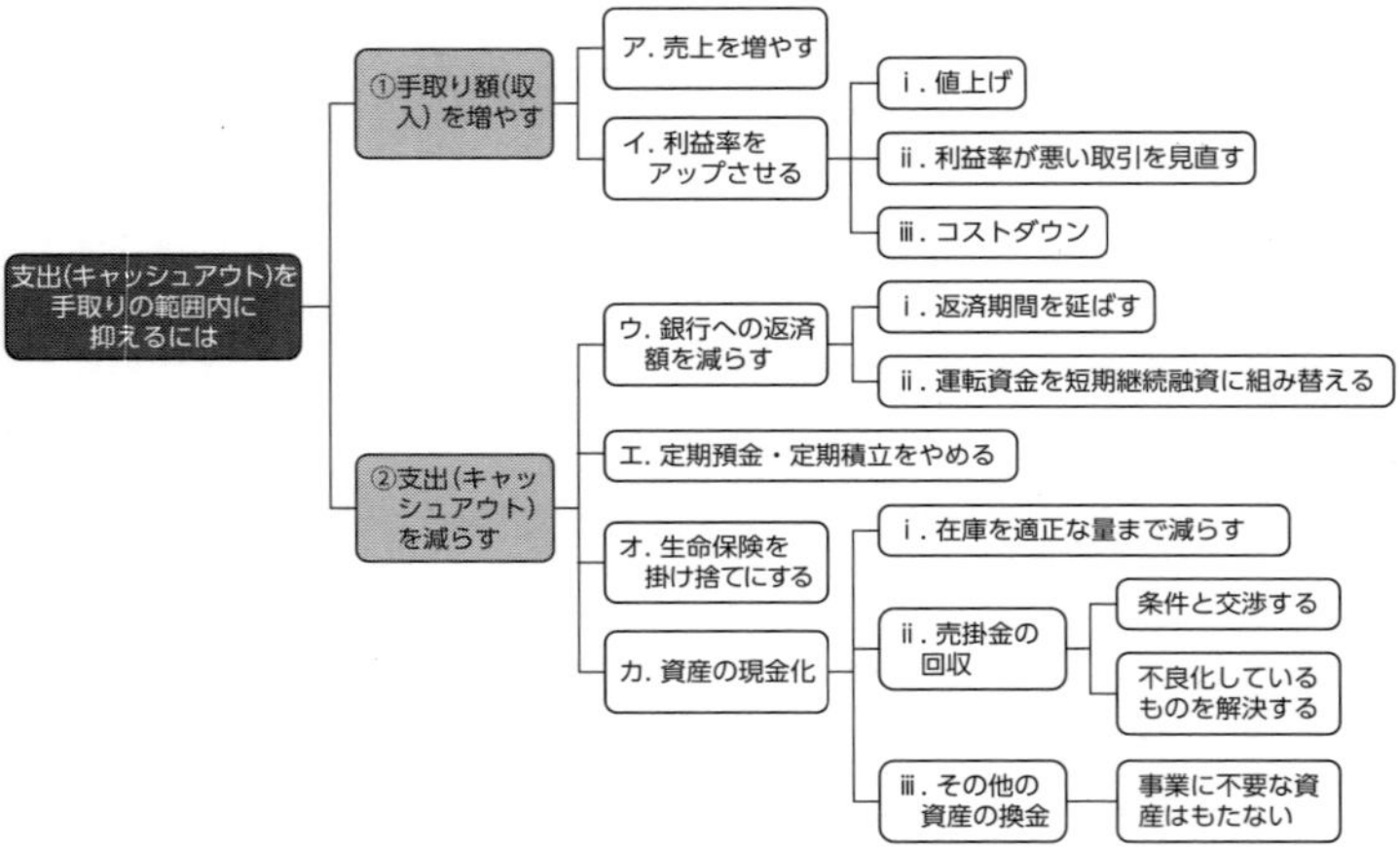

図4-10（再掲）　支出（キャッシュアウト）を手取りの範囲内に抑える方法

として述べられていたものです。上杉鷹山や二宮尊徳が国家経営原則としてよく用いた言葉として有名で、現在でも経済の大原則や健全財政の心構えとされています。

会社経営でも全く同じことがいえます。では、早速「出ずるを制す」を見ていきましょう。

ウ．銀行への返済額を減らす

銀行からの融資の条件の1つに「返済期間」があります。結論からいうと、返済期間を長く取った方が支出（キャッシュアウト）が減るので、会社の手取りの範囲に収まりやすくなります。

融資を受ける側の経営者は、次のように考えている方が多いのではないでしょうか。

・借入は早く返済したい
・金利は安い方がいい

一方、融資をする立場から考えると、お金は「レンタル商品」という位置づけです。貸し出す期間が長くなればなるほど提供する側にとっては「期限の利益」が大きくなるという考えです。

「期限の利益」が大きいほど利息収入は増えますが、同時に回収できないリスクも高くなります。したがって、その分、金利が高く設定されます。

銀行にとっては収益の追求も大事ですが、それ以上にリスクを回避する方が優先順位は高いもの。会社の財務状況や取り巻く外部環境がめまぐるしく変わるので、長期にわたって返済を受けるのは、銀行にとっては高リスクだとおわかりいただけるのではないでしょうか。

つまり、銀行にとっては、儲けが少なくなったとしてもレンタル期間は短い方がありがたいのです。ホームランはいらないので、シングルヒットやフォアボールが欲しいという考え方ですね。こうしたことから、銀行が融資を組む際には返済期間を短く設定したいのです。

一方で、ファンドなどの投資家は銀行と違ってホームランしか興味がないので、考え方が全く逆ですね。しかし、受け手である経営者は、返済期間をあまり意識していません。そもそも「長く組む」といった発想がなく、銀行から提案されるがまま受け入れるケースがほとんどです。

ウ－i　返済期間を延ばす

では、返済期間を意識することが本当に借入を早く返済する結果につながるのでしょうか？　また、それによってトータルの金利は安くなるでしょうか。早速検証していきましょう。

図４－13は、D社の事例です。D社は、借入残高８、０００万円、（平均）返済

（単位：万円）

税引後利益	600
減価償却費	300
返済財源	900
返済	1,600
キャッシュフロー	▲700

図4-13　借入残高8,000万円、（平均）返済期間5年の場合（1,600万円/年）の例

期間5年（年1、600万円）で融資を受けています。

キャッシュフローが▲700万円なので、現預金は1年につき700万円減少してしまいます。すると、折り返し融資を受けて減少分をカバーするようになります。折り返し融資を申し込む際は、余裕を持って多く借りる傾向があるので、いつまでたっても借入は減りません（図4－14）。

なお、このシミュレーションでは、預金や保険などの返済以外の経費で落ちない支出（キャッシュアウト）は勘案しません。

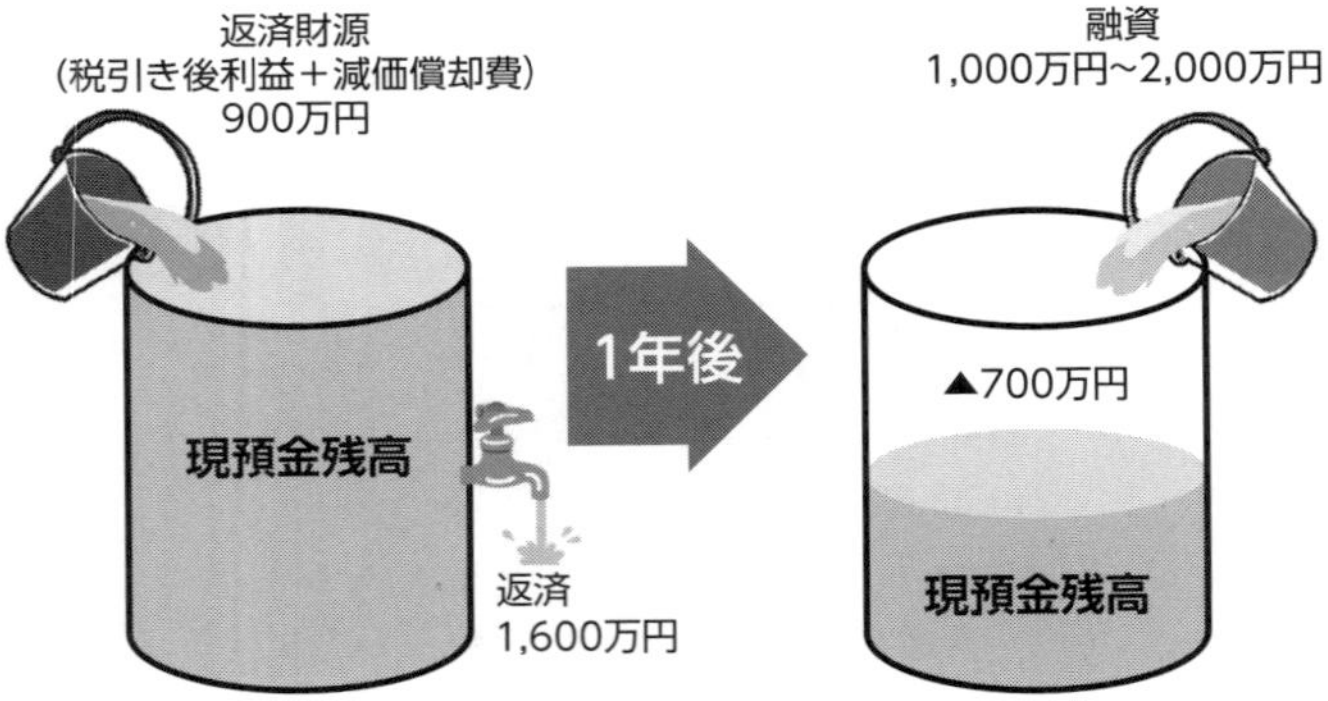

図4-14　D社の運転資金①

では続いて、Ｄ社の事例を借入残高は据え置きで返済期間を5年から10年に組み替えた場合で考えてみましょう。

図４－15は、図４－13で挙げた事例と同じく借入残高８、０００万円ですが、（平均）返済期間を10年（年８００万円）に設定したものです。

１００万円余るので、返済した金額だけ確実に借入金は減少します。中長期的に見ると借入金は確実に減少し、金利コストも減少し、借入余力はアップするのです（図４－16）。

（単位：万円）

税引後利益	600
減価償却費	300
返済財源	900
返済	800
キャッシュフロー	100

図4-15　借入残高8,000万円、（平均）返済期間10年の場合（800万円/年）の例

ウ−ii　**運転資金を短期継続融資に組み替える**

お金自体に「色」はありません。しかし、銀行が融資をする際には、資金の使い途《みち》（資金使途）によって融資商品を区別しています。

大きく分けると「運転資金」と「設備資金」の2つです（図4−17）。

設備資金とは、文字のとおり機械の購入、建物を建てるなど、長期にわたって利用できる事業資産に対しての資金です。融資金額も比較的大きく、返済期間も長くなるのが特徴です。

一方、運転資金は「設備資金以外の全て」とお考えください。設備資金は「何

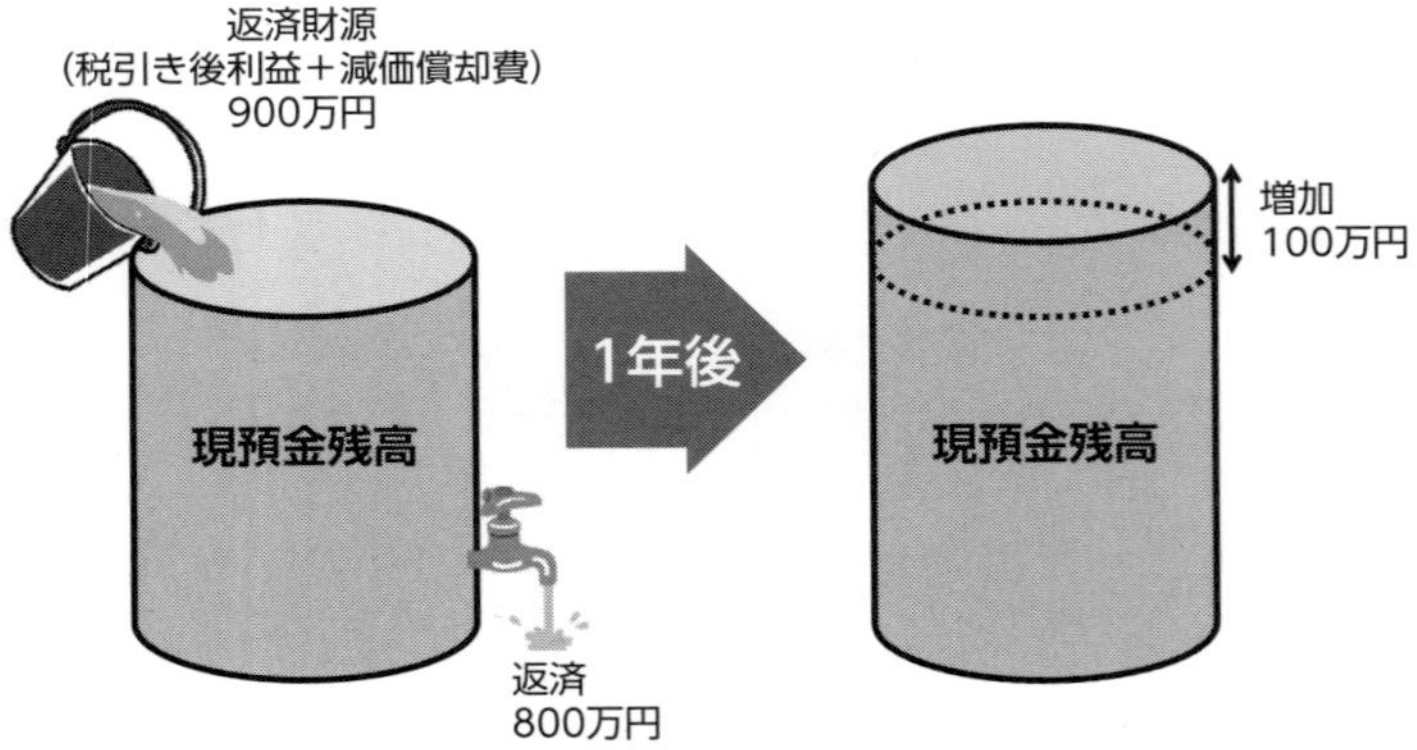

図4-16　D社の運転資金②（返済期間を10年に設定した場合）

を買うのか」と具体的に問われるのに対して、運転資金はかなり抽象的です。ふわっとしているので、設備資金と比較して金額も小さく、返済期間も短くなります。

運転資金の中でも、事業経営で仕入れなどの「立替払い」が必要な業種で、実際に立て替えに必要な資金を「経常運転資金」といいます。

具体的には、図４－18のように計算します。

経常運転資金は、商売を続けている間は常に「立替払い」の状態が続きますよね。ですので、経常運転資金は常に必要金額を満たしている状態をキープしていないと、決済ができなくなります。

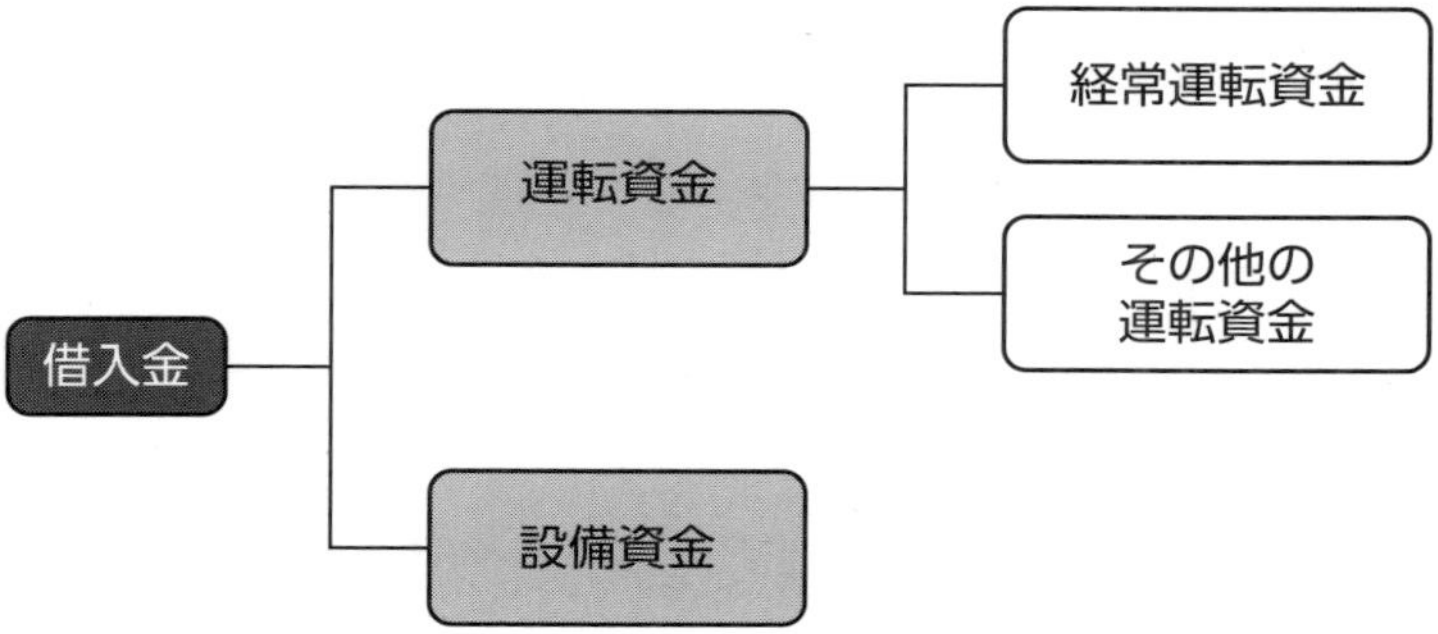

図4-17　資金使途で借入金を分ける

この経常運転資金を毎月約定返済すると、次第に資金が不足します。

図４－18で例に挙げたＤ社の経常運転資金は、次のように計算できます。

経常運転資金＝
（5,000万円＋1,000万円）－
3,000万円＝3,000万円

つまり、営業活動を継続するためには３０００万円が必要だということです。しかし、返

（単位：万円）

売掛金＊1	5,000万円	買掛金＊3	3,000万円
在庫＊2	1,000万円	} **経常運転資金**	

＊1	売掛金	商品・サービスを販売したが入金を待っているお金
＊2	在庫	商売上、仕入れのために先に必要な資金
＊3	買掛金	商品・サービスを受けたが支払いを待ってもらっているお金

経常運転資金＝(売掛金＋在庫)－買掛金

D社の場合

経常運転資金＝(5,000万円＋1,000万円) －3,000万円＝3,000万円

※受取手形、支払手形がある場合は、それぞれ売掛金、買掛金と同じように計算する。
※売上規模が大きくなれば、拡大に伴って経常運転資金は増加する。
※会社によっては、季節やタイミングに応じて経常運転資金に変動がある。

図4-18　経常運転資金

済期間５年に設定して借りると、年６００万円も資金が減ってしまいます。

資金が不足すると、仕入れをはじめとする立替払いができなくなるので、経営者はすぐに新たに融資を申し込みます。本当は、融資は不足する６００万円だけでよいのです。しかし、余裕がほしいので、１０００万円を申し込みます。

当然、この融資にも返済が必要です。返済期間を５年として借りたとすると、年２００万円の返済が必要です。つまり、もともとの返済と合わせて年８００万円の返済をすることになります（図４－19）。そうすると、キャッシュフローのマイナス

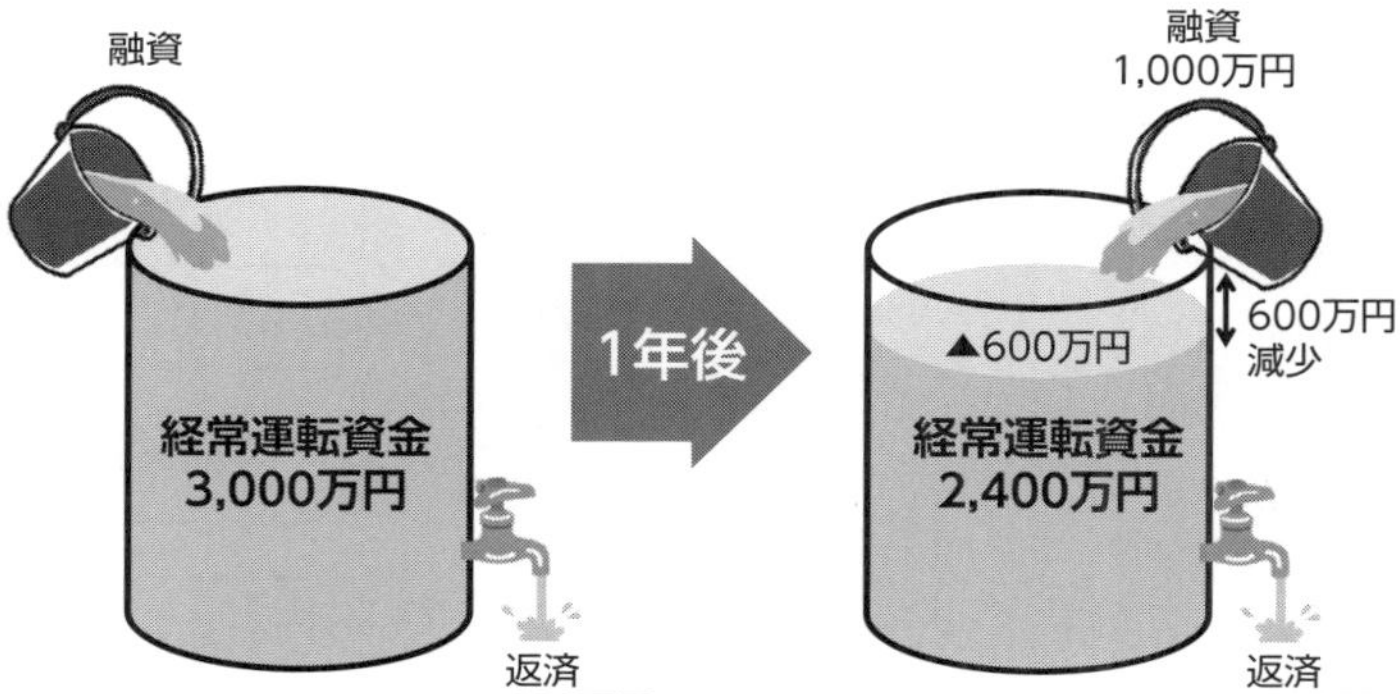

図4-19　D社の運転資金③（経常運転資金を毎月返済した場合）

はさらに大きくなります。

結局、返しては借りてを繰り返し、時間の経過とともに借入金は膨らんでいきます。融資の本数が増えてしまう根本原因は、ここにあります。

この負のループに対する解決策が「短期継続融資」です。

借入金は先に述べた資金使途別に分ける「設備資金」「運転資金」といった分類のほかに、返済期間が1年以上か1年未満かで分ける「長期借入金」と「短期借入金」で分類することもできます（図4－20）。

「長期借入金」は、銀行と金銭消費貸借契約書を結ぶ、おなじみの契約です。返済期間

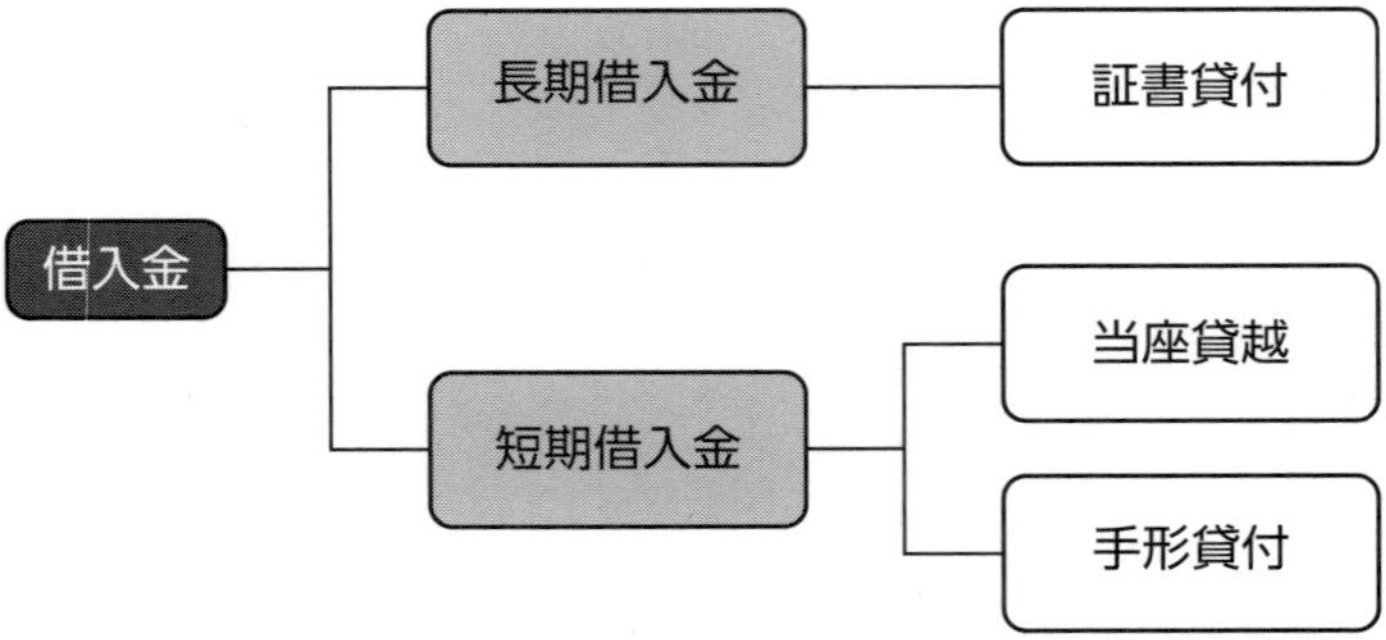

図4-20　返済期間で借入金を分ける

はだいたい3〜5年以上です。一般的には証書貸付による「長期借入金」がほとんどなので、長期借入しかご存じない方も多いでしょう。

これに対して、返済期間が1年未満のものを「短期借入金」といいます。ここでは経常運転資金の調達方法として「当座貸越」と「手形貸付」の2つの短期借入金をご紹介します。

当座貸越

キャッシングのような枠取り商品をイメージしてみてください。例えば、300万円の枠を設定すれば、枠の範囲内で自由に出し入れが可能というものです。金額が大きくなるので審査はキャッシングより慎重ですが、利用法はほぼ同じです。

借りる際は、年間の取引から立替期間と金額を計算し、必要となる経常運転資金の金額を決めます。この経常運転資金の範囲で当座貸越の借入枠を設定します。

例えば、経常運転資金が3、000万円で、3、000万円の当座貸越枠を設定したとします。この場合、3、000万円の枠の範囲で、自由に借入と返済ができます。借りっぱなしもＯＫです。

この当座貸越を使って、手元の現預金残高に余裕が生まれるまで借りっぱなしにすることで、元金返済をしない方法です。元金を返済しないことでキャッシュアウトを大幅に減らすことができます。

金融機関側にとっては、返ってこないリスクがあるので、当然、審査は厳しめです。しかし、すでに不動産などの担保を提供している会社は比較的審査が通りやすい特徴があります。

手形貸付

いつものように金銭消費貸借契約書を交わして融資を受けるのではなくて、自社が払う「支払手形」を銀行に対して振り出して調達する方法です。経常運転資金が必要な業種であれば、手形貸付による調達が可能です。

例えば、建設工事で外注費や材料費などの立替払いが発生した場合は、工事が終わればすぐに回収することができます。銀行に対しても、そのタイミングで全額返済するといった商品です。短いもので数カ月、半年～1年後にまとめて全額返済します。

例えば、支払期日を1年後に設定し、支払期日が到来したらさらに1年間の手形貸付に借り換える、といったことを繰り返して、実質的には元金の返済を先延ばしにし続けます。これは「短期ころがし融資」といって、手形貸付の書き換えを繰り返すことで経常運転資金の安定化が図れます。

金融機関によって取り組みに違いはありますが、当座貸越と比較して、審査のハードルはかなり下がるので、ぜひ取り入れてみてください。

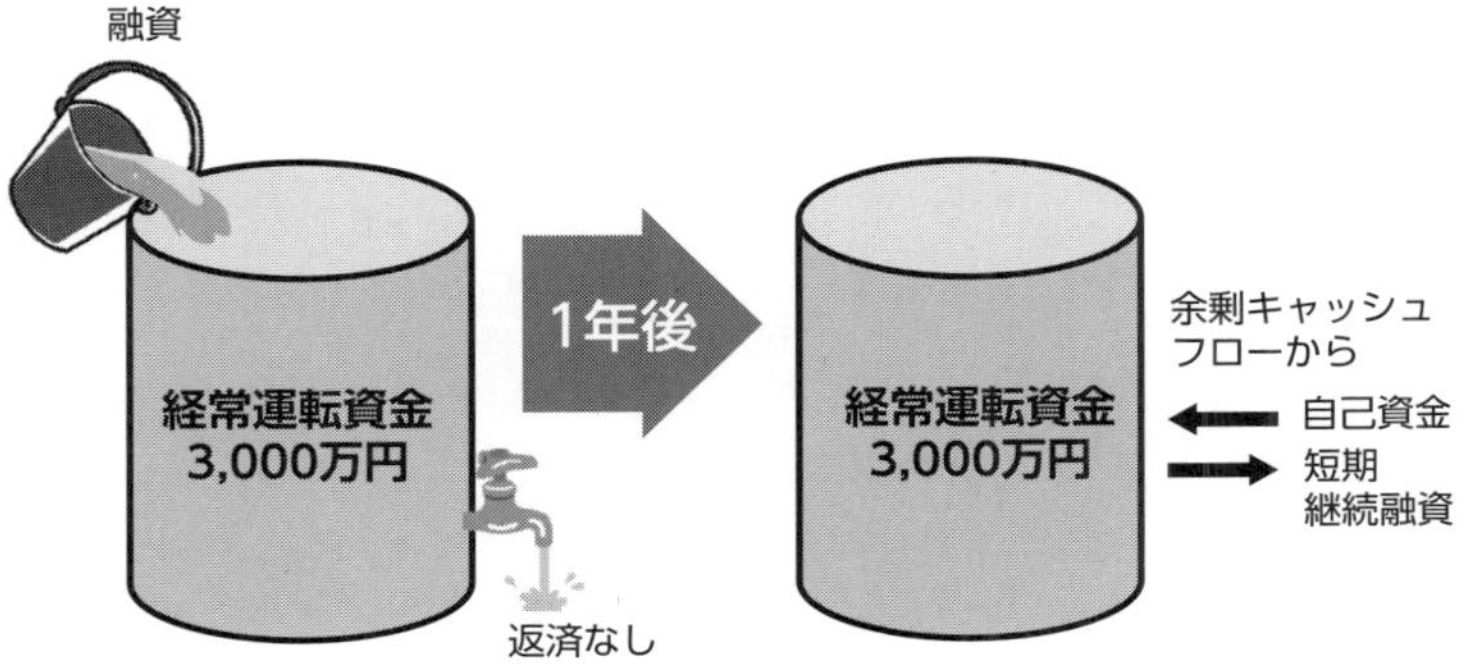

図4-21　D社の運転資金④（手形貸付の書き換えを繰り返した場合）

図4－21のように、当座貸越、手形貸付の効果は一目瞭然です。返済額が激減するのでキャッシュフローがプラスになりやすく、手元の現預金が自然と増加します。増加した現預金を経常運転資金として活用した場合、短期借入金自体を減らすこともできるようになります。

このような経常運転資金のための1年未満の短期借入金のことを「短期継続融資」といいます。

実は30年前までは普通に短期継続融資が使われていました。ところが、バブル崩壊後の不良債権処理に追われていた平成14年当時、金融庁より金融機関に対して「短期継続融資」について次のような言及がありました。

正常な運転資金を超える部分の「短期継続融資」は不良債権にあたるかの検証が必要である。

（「金融検査マニュアル別冊」より）

この方針以降、銀行は不良債権認定のリスクを避けたいがために、ほとんど短期継続融資を行わなくなった経緯があります。

明らかにミスリードだったので、平成27年に金融庁は金融機関への指導指針「金融検査マニュアル」を更新して、正常な運転資金に対して短期継続融資は何ら問題ないと明確化しました。さらに現在では、金融庁は「円滑な資金供給の促進に向けて」という冊子まで

図4-22　「円滑な資金供給の促進に向けて」金融庁冊子

作成して、金融機関が消極的になってしまったかつての短期継続融資を再開させようとしています（図４－22）。

しかし、この空白の20年間を経て、金融機関の現場では短期継続融資をやったことがない担当者が上席についているケースがよくあります。こちらから問い合わせても、そもそも銀行員が短期継続融資を知らないことすらあります。

さすがにメガバンクや第一地銀ではありませんが、ぼくの経験では第二地銀や信用金庫では短期継続融資を扱っていなかったり、こちらからお願いしても相手の担当者が知らなかったりして、話がかみ合わなかったケースもあります。

金融機関の担当者の反応があいまいなときは、図４－22に示した金融庁の冊子を見せながら説明してみてください。そのときの担当者の対応で、あなたに対する姿勢も透けて見えるように思います。

なお、短期継続融資を相談する際は、金融機関の担当者がわかるように借り換え後のシミュレーションを作成した上で話をすると、相手も理解しやすいと思います。ぼくは必ず作成するようにしています。そこまでしても親身に相談に乗ってくれない担当者や金融機関であれば、距離感を見直すのが適当でしょう。

短期継続融資に対する懸念として「更新できずに一括返済を求められたらどうするの?」といった質問をいただくことがあります。

さすがに金融機関側も短期継続融資に対して一括返済を求めることは、事業継続が困難になるに等しいことを理解しています。業況が悪くなったからといって、いきなり融資を引き揚げるのではなく、そのときは長期借入金に切り替える対応になります。

短期継続融資の審査は証書借入よ

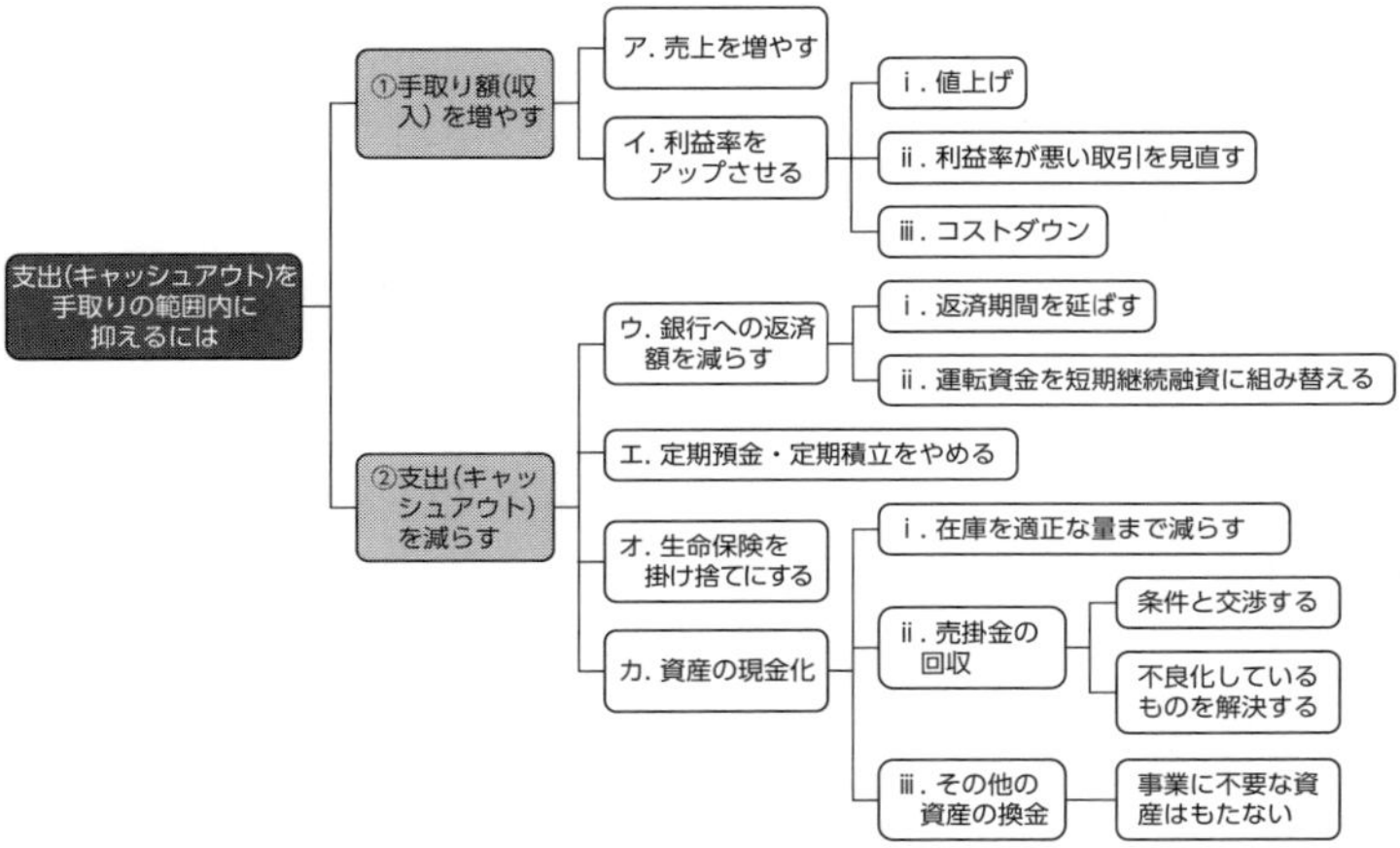

図4-10（再掲）　支出（キャッシュアウト）を手取りの範囲内に抑える方法

りは厳しめですが、あなたにとっては取り組むリスクは少ないため、「ダム式経営」を目指すプロセスとして有効な手段です。ぜひチャレンジしてみてください。

エ．定期預金・定期積立をやめる

銀行への定期積立は、どういった目的でされていますか？　はっきりとした目的を答えられる方は少ないように思います。せいぜい納税資金やボーナスの積み立てといったところではないでしょうか？

納税資金や賞与の積み立てであれば、半年ごとに取り崩すタイミングがくるので全く問題ありません。

でも「何となく銀行にお願いされて……」とか「融資の際に積立や定期預金を条件にと言われたから……」といった場合は、見直しを検討しましょう。すでに、そこそこまとまった金額が固まっているかもしれません。

また、お金が固まってしまうだけでなく、次のようなデメリットが発生している可能性もあります。

・「受け取る利息」より「支払う利息」の方が大きい
・定期を崩す際に理由や目的を確認される
・会社がピンチになると担保にとられる可能性がある

金融機関の営業担当者の成績には貢献しますが、あなたには何のメリットもありません。それどころか、単にキャッシュアウトが増えてしまって、結果的に金融コストが増加するだけです。どうしてもお付き合いで必要であれば、せいぜい納税資金くらいにとどめておきましょう。

オ．生命保険を掛け捨てにする

法人では、会社と親族を守るためのリスクマネジメントとして代表者等への保障を確保しておきたいところです。

でも、保障は確保したいけど「掛け捨ては嫌だ」という社長は多いもの。できれば経費で落としながら退職金の準備もしたいといった声がよく聞かれます。

これは決して間違った考え方ではありません。しかし、会社の「現在地」によってリスクマネジメントに回せる予算が違うので、取るべき手段が異なってきます。

あなたの会社が「お金が回っている状態」であり、手取りの範囲内で支払いがまかなえているならば何も問題はありません。予算の範囲内で、貯蓄機能のある商品も含めて検討してください。

でも、「お金が回っていない状態」、つまり、返済財源（手取り額）よりもキャッシュアウトの方が多く、トータルでキャッシュフローがマイナスになっているならば、貯蓄機能のある生命保険の見直しを検討してみてください。生命保険会社への掛金は、結局、銀行からの借入によってまかなっている状態だからです（図4－23）。

あなたは、節税したつもりになっているかもしれません。でも、得をしたような高揚感は錯覚で、現実には、あなたの保険積立金は銀行からの借金が保険会社に移っただけなのです。

しかも改正された税制下では保険会社にプールしている解約返済金のピークは掛金の85％以下の商品が多いので、掛金の15％は目減りしていることになります。

銀行に金利を払い、保証協会に保証料を払い、保険会社にも15%を天引きされる現状が、本当に効率がよいといえるのか、冷静に判断する必要があります。

生命保険の営業担当者は、会社の資金繰りには疎いもの。何を尋ねても「経費で落ちます」「返戻金は○%です」という返事しか返ってこないのではありませんか？ 残念ですが、頼みの綱の会計事務所もあまり変わらないのが実情です。

そもそも、保険加入の本来の目的は保障の確保だったはずです。なのに、貯蓄性商品は掛金が高額になるため、掛金が足りずに必要とする保障金額を確保できていないケースが多く見受けられます。

経営者が亡くなられた後、保険金で負債をまかなうことができず、破産せざるを得ない会社も見てきました。守りたかったはずの会社や家族を守れず、頼みのはずの保険金は金

保険積立金	1,000	借入金	1,000

図4-23　保険積立金を借入金でまかなっている状態

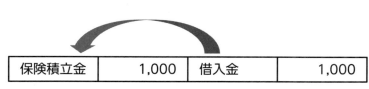

融機関に借入金を返して終わり、という何とも後味の悪いケースです。

残された遺族からすると「今まで何のために生命保険に入っていたのか……」と憤りとやるせなさを感じることでしょう。

繰り返しとなりますが、生命保険については、あなたの会社が「お金が回っている状態」であれば何であっても構いません。しかし「お金が回っていない状態」にあるならば、まずは支出（キャッシュアウト）を手取りの範囲内に抑えることを優先してください。これが、本来の目的である保障の確保と適切なとリスクマネジメントといえるでしょう。

保険の目的は、会社や社員、家族を守ることであるはずです。その目的を第一に、現状の保障内容を確認してみてください。

カ．資産の現金化

事業に不要な資産を減らして換金し、換金した資金で借入金を減らすことで、元金返済というキャッシュアウトを減らすことができます。これにより、金利負担を少なくできます。

資産の圧縮や借入金の減少は、金融機関や投資家の評価指標アップにもつながります。金融機関が積極的に融資をしたい先は、結局、融資残高が少ない会社です。資産の圧縮は今後の投資環境の整備、財務の安定性も増し、好循環を生み出すのです。

あなたの会社において、断捨離すべき資産はありませんか？　一緒にチェックしていきましょう。

カ-i　在庫を適正な量まで減らす

在庫は、在庫自体の劣化、紛失、売れ筋の変化などの価値の減少リスクがあるだけでなく、管理コスト（人、家賃、光熱費）がかかります。定期的な棚卸と適切な償却によって、在庫のマネジメントを重視してください。

年に一度、決算時にしか棚卸をしない会社では、蓋を開けてみなければ利益の予測ができません。そういった会社ではリアルタイムに「現在地」が把握できないので、適切な状況判断をするのが厳しくなります。

カ-ii　売掛金の回収

回収が滞っている売掛金を放置すると資金が固まるだけでなく、外部からの評価が下がったり、正確な経常運転資金が把握できなかったり、税務面での優遇を受けられないといった多くのデメリットがあります。

回収が滞っている取引先があれば、早めに決着をつけてください。さらに交渉が可能であるならば、回収期間をできるだけ短くするように交渉してください。

与信管理をほとんど実施していない中小企業は多いものです。債権が不良化した場合に致命的なダメージを受けることもあると心得ておきましょう。

TSRなどの信用調査会社へのコストをかけたくない場合、売掛金の保障保険を損害保険会社に打診してみてください。引き受けの可否や引受可能額を算定してくれるので、お金をかけずに一次チェックとして利用してみるのも1つの手段ではないでしょうか。

カ－ⅲ

その他の資産の換金

融資枠が空いてくると、そこに目がけて金融機関が営業にやって来ます。するとつい「お金はあっても邪魔にはならない」とか「これもお付き合い」といった感覚でお金を借りてしまいませんか？

「借りられるだけ借りておけ。手元にキャッシュがあれば会社はつぶれない」といったYouTubeの情報を見て、実行している社長もいらっしゃいます。

手元資金を厚くすることに問題はありません。しかし、「社長あるある」を申し上げると、手元の資金があると気が大きくなって、本業以外の資産を購入しがちです。

よくあるのが、次に挙げるような資産です。

- 不要な社用車
- リゾート会員権
- 不動産

・投資有価証券

何度も言いますが、キャッシュアウトが会社の手取り金額の範囲に収まっているならば、どうぞ自由にしてください。でも、手取り額よりもキャッシュアウトの方が多いならば、これらの資産は借入でまかなっているということです。見直し検討の対象です。

景気上昇局面、インフレ局面においては、こうした資産は投資と考えられるかもしれません。しかし、相場が崩れると一気に含み損を抱えてしまいます。

事業に不要な資産は換金して、借入金を減らしましょう。どうしても持ちたいならば、個人で所有してください。

借入金の減少に伴って、元金返済額も減少します。手元の現預金を厚くすることは、財務の安定性の観点ではよいことです。でも、「手元にあると、つい使ってしまう」「会社のお金を自分のお金と勘違いしてしまう」という経営者が本当に多いのです。

金融機関としては、なんやかんやで資金需要が増えれば融資残高も増えるのでハッピーですから、そうした口車に乗せられないように、お付き合いは断る勇気も必要です。

＊

第３章では、時価評価によって自社の「現在地」を確認しました。そして第４章では「会社の手取り」を確認し、あなたの予算はいくらなのか？を考えました。予算の見方と予算を増やす考え方はご理解いただけたでしょうか。

・メタボ診断（借入のバランス）
・会社の手取り（返済財源）の見方
・手取りと支出（キャッシュアウト）はどちらが多いのか
・支出（キャッシュアウト）が多い原因と改善策

具体的にどんな策を選択するかは、個々の事情に応じて検討してみてください。

基本的な考え方は「手取りの範囲内に支出（キャッシュアウト）をコントロールすること」です。これができれば、あなたの会社は間違いなく「ダム式経営」に近づき、体質も変わっていくでしょう。

また、会社の「健康診断」は、一度行ったらおしまいでは効果がありません。継続して取り組むことが重要です。

定期的に現在地を確認し、目的地への手段をアップデートし続けていけば、あなたは間違いなく最初にグーグルマップで設定した目的地まで無事にたどり着けるでしょう！

投資の盛んな欧米では「利益は会計上の数字なので解釈はいろいろあるが、キャッシュは事実なので動かせない」という、「利益は意見、キャッシュは現実」といった考え方が常識です。

しかし、日本の中小企業では、利益や税額のみにフォーカスしがちです。繰り返しとなりますが、「手取りの範囲内に支出（キャッシュアウト）をコントロールすること」――これを常に頭に置いておいてください。

第5章

解決策とアクションプラン【「守り勝つ」ための課題解決法】

ここまでお読みいただき、漠然としていたあなたの「会社の数字」に対しての理解や考え方に変化はありましたか？

「1つずつ整理していけば、『会社の数字』も全然難しくないな」というイメージを持っていただけたのではないでしょうか。

大事なポイントは「現在地」（第3章）と「予算」（第4章）の2点だけ。この2つさえ押さえておけば、それ以外の細かい点は浅い理解でも問題ありません。

・数字の見方が違っていた
・適当に考えていた
・実はそこまで考えていなかった

そんな中小企業の社長でも、「現在地」と「予算」についての理解を深めるだけで、驚くほど見える景色が変わってくるはずです。最終章では、実際に経営計画に落とし込む際の「選択肢」と「考え方」について見ていきます。

経営計画を考える上で意識すべきなことは「優先順位づけ」です。目的地への最短で最適なルートを取るために、どこを守り、どこを優先すべきかを考えていきます。

1. 目指すゴールと手段を考える（具体的な経営計画のつくり方）

ここまでの振り返りをしながら、目的地の設定と手段の選択について考えていきましょう。グーグルマップの設定の手順と置き換えてイメージしてみてください。

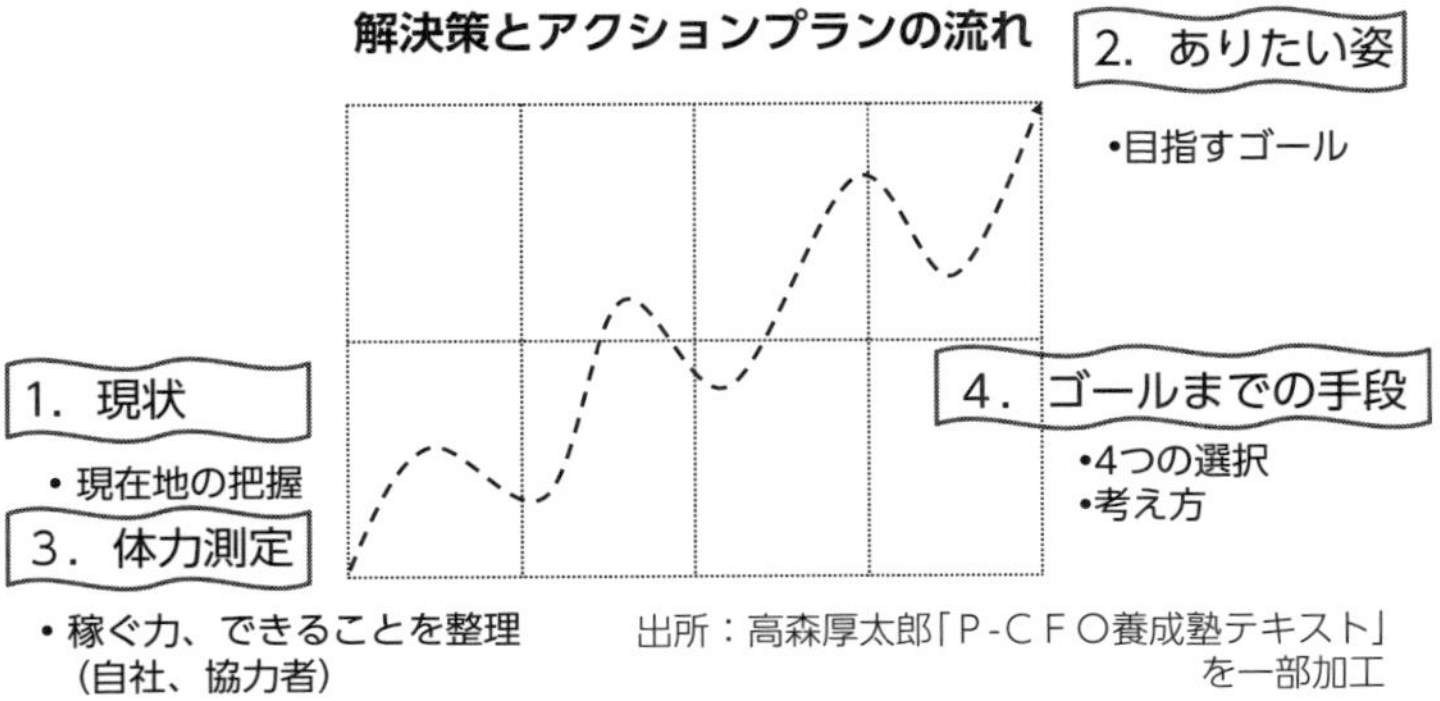

出所：高森厚太郎「Ｐ-ＣＦＯ養成塾テキスト」を一部加工

図5-1　解決策とアクションプランの流れ

現在地を把握する

まずは、自社の現在地を把握してください。第3章で行ったように、あなたの会社の資産を時価で再評価することで把握できます（図3－5）。そして、再評価した資産をもとに、自分のお金（自己資本）は実際にいくらあるのかを確認してください。

現在地が正確に把握できると、次のステップで設定する目的地（目指すゴール）とのギャップが鮮明になってきます。このギャップを受け入れることで、目的地に到達できる可能

貸借対照表（バランスシート）

単位：千円

資産	金額	負債・純資産	金額
現金	**300** ~~1,000~~	買掛金	20,000
預金	30,000	未払金	5,000
売掛金	**28,000** ~~35,000~~	未払費用	5,000
商品	**20,000** ~~25,000~~	借入金	80,000
仮払金	**0** ~~5,000~~	**退職金積立不足**	**30,000**
貸付金	**0** ~~5,000~~		
機械	**0** ~~5,000~~	資本金	10,000
建物	**10,000** ~~20,000~~	利益準備金	1,000
土地	**12,000** ~~20,000~~		
保険積立金	**10,000** ~~5,000~~	繰越利益剰余金	30,000

会社の資産
~~151,000千円~~
↓
110,300千円
▲40,700千円

他人のお金（他人資本）
110,000千円
変わらない
↓
140,000千円

自分のお金（自己資本）
＝
単純な会社の価値
~~41,000千円~~
~~300千円~~
↓
▲29,700千円

図3-5（再掲）　会社の資産を再評価する

性が飛躍的に高まります。

同じ目的地を目指していても、現在地の認識が間違っていたら、手段の選択を間違えてしまいます。すると、目的地までたどり着くことが難しくなってきます。

現在地を把握し、もし「お金が回っていない（キャッシュフローがマイナス）」状態にあるとわかったならば、自社の課題はどこにあり、どんな対策を講じることでキャッシュフローや自分のお金がプラスに転じるかを検討してください（図５－２）。

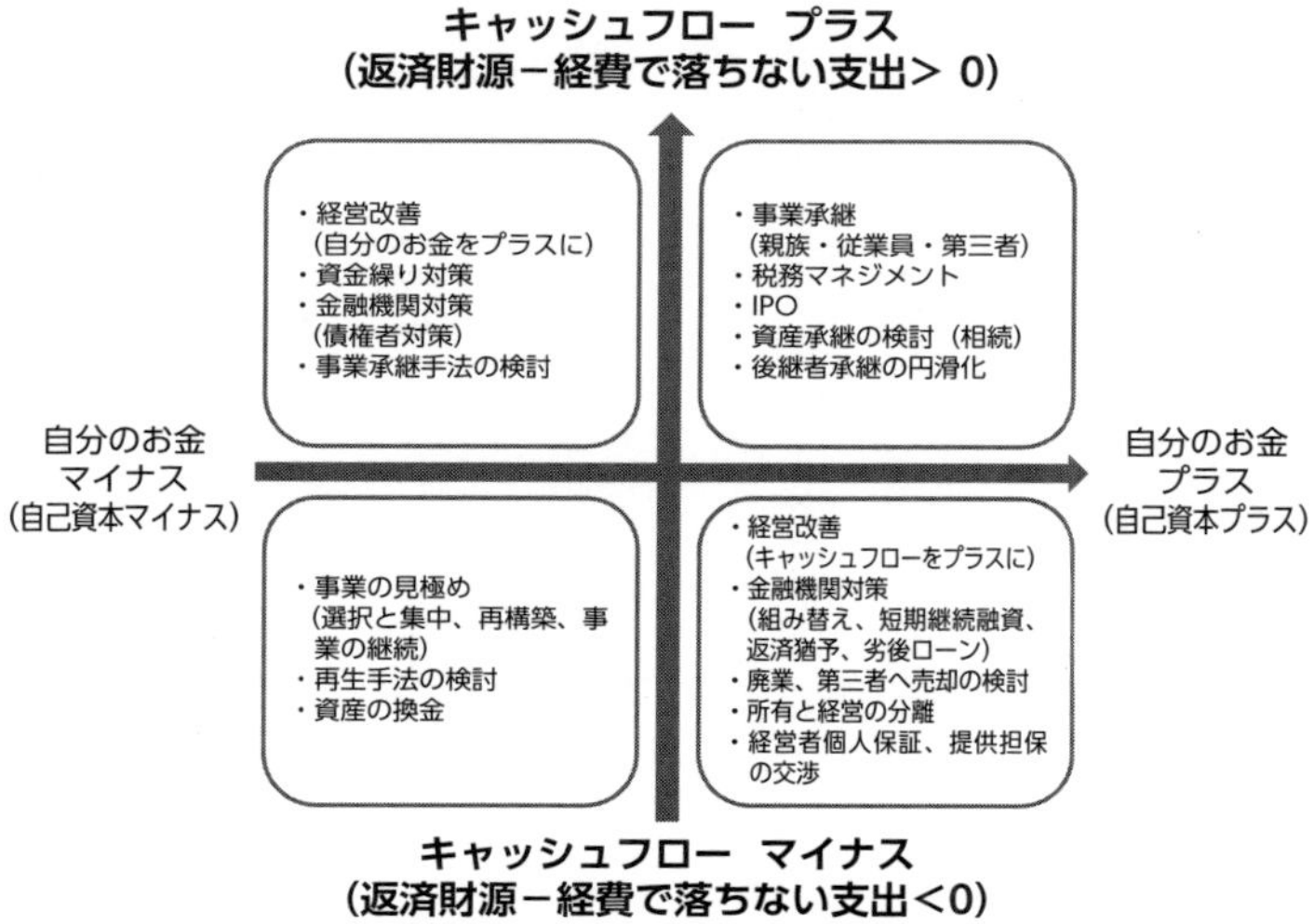

図5-2　現在地と着眼点

「目指すゴール」（ありたい姿）を設定する

グーグルマップは経営の羅針盤だと繰り返し述べてきました。しかし、目的地があいまいで「いつまでに」「どこへ」行くのかが明確になっていなければ、グーグルマップで検索自体ができません。まずは、自社が目指すゴールやありたい姿を具体的に思い描いてみましょう。

①3年後、5年後、10年後の未来をイメージする

3年後、5年後、10年後にあなたの会社はどんな状態でありたいですか？　または、どういった状態であればワクワクしますか？　会社のありたい姿をイメージしてみてください。

ただ何となく想像するのではなく、できるだけ具体的に考えることがポイントです。

・売上の規模は？
・どんなチーム構成？
・商品・サービスは「どういった価値」をお客様に提供しているのか？

「こうなれたらいいけれど、現実的には無理だろう」と思われるケースもあるかもしれませんが、ここでは理想を書くだけで構いません。なお、その際は次の点に気をつけてください。

・制約なく自由にイメージする
・正解はない
・人と比べる必要はない

いかがでしょうか。ニヤニヤしながら書ければ最高です。

②あなたが理想とする自分のお金の状態（自己資本）を設定する

グーグルマップの目的地設定において、核（コア）となる部分です。多くの経営者はこの設定があいまいなので場当たり的な意思決定をしてしまうのです。

目的地は具体的に設定しないと、到達できません。

逆に言うと、具体的な目的地があれば、うまくいかないことがあってもその都度修正して、到達に向けて動き出せるのです。

目的地はできるだけ具体的に。〝具体的〟とは、例えば次のような点まで考えることです。

・自分のお金（自己資本）を〇〇円にする
・借入金額を〇〇円にする
・実質無借金経営を実現している
・連帯保証が全て外れている
・保証協会付きの融資はなく全てプロパー融資にする

・勇退時に退職金を〇〇円受け取る
・〇〇円で売却する（Ｍ＆Ａ）
・〇〇市場で上場する（ＩＰＯ）

繰り返しとなりますが、今は非現実的と思われる理想でも構いません。とりあえず、具体的に書いてみることが重要です。

ただし、現在地（自分のお金）とキャッシュフローの状況によっては、ゴール設定が異なりますので、図５－２を参考にしてください。

体力測定をする

第４章で確認した「会社の手取り」（返済財源）を改めて見直しましょう。

返済財源（会計でなくキャッシュの収益）＝税引き後利益＋減価償却費

直近の決算書から割り出した数字は、あくまでも過去の返済財源です。

・節税を優先したため経費が過剰
・過度な資産がある

こうしたケースでは明確に非効率な要因があります。すぐに改善策を講じる用意があるならば、改善後に予想される税引き後利益から返済財源を見込んでください（図5－2参照）。

また、会社の「稼ぐ力」に対しての債務のボリュームを測る指標も確認しましたね。

債務償還年数 ＝ 借入金額 ÷ 返済財源（税引き後利益 ＋ 減価償却費）

債務償還年数は「10年以内であるかどうか」が1つの目安でした。しかし「ダム式経営」の実現という観点では、安全性は確保したいので、できるだけ短い方が理想的です。

「現在の債務償還年数であれば借入の余力がどれくらいあるか」「いくらまでなら投資（融資）の余力があるか」を次のステップの「手段」を検討する際にも考慮に入れてください。

現状を客観的にまとめる

定性的な測定にはなりますが、最後にＳＷＯＴ分析、クロスＳＷＯＴ分析を実施して、外部環境と内部環境を整理してみることもおすすめです。

ＳＷＯＴ分析は有名なフレームワー

		内部環境	
		強み (Strengths)	弱み (Weaknesses)
外部環境	機会 (Opportunities)	強み × 機会	弱み × 機会
	脅威 (Threats)	強み × 脅威	弱み × 脅威

図5-3　クロスSWOT分析

クなので詳しい説明は割愛しますが、数字に表れない自社の定性評価を振り返るとともに、次のステップである「ゴールまでの手段」を検討する際の情報整理にも使えます。

外部環境と内部環境の整理というわかりやすさから、社内での共有や金融機関など外部への説明時にも理解が得られやすく、有効です。

ゴールまでの手段を選択する

ここまでで、次の3つが決まりました。

・現在地
・目的地
・予算

ではいよいよ、具体的な手段を選択していきましょう。目的地を目指すための手段を次の４項目に整理しました。グーグルマップに例えると、車や飛行機などの手段の選択です。さらに「優先順位づけ」によって道順や便などをボトムダウンして判断していきます。

①商品・サービス
②売上
③ヒト
④お金

では、１つずつ見ていきましょう。

①商品・サービス

売上の戦略を立てる前に、あなたが提供する価値やビジネスモデルについて改め

価値提案

【顧客・市場側】

値提案

'What)

・サービスで
自の価値を提

買う理由

る価値

ョンは？

ズに合ってい
こ置く

⑨圧倒的優位性

・簡単にまねできない

・手に入らないもの

・業歴、技術、ネットワーク、短納期などでもOK

⑤チャネル

・顧客を獲得する方法は？

・販売経路は？

①顧客セグメント

誰に？（Who）

・ターゲットにする顧客

・既存顧客・新規顧客

・ペルソナ分析

・新規事業の場合は、将来的な顧客ではなくて、最初に購入してくれそうな顧客。

⑥収益の流れ（収益、粗利など）

・「値決め」は適切か？

・収益をどのように得ているのか？

造（損益）

キャンバス

【企業側】商品・サービス

独自の

②顧客の課題

ターゲットが抱える課題

・「〜ができない」「〜がしたい」などのお困り事。

・ドリルを求める人は「穴」を開けたい。ドリルの性能を求めているわけでない。顧客視点で考えること。

・現在利用している代替品やサービスがあれば書き出して不満点を洗い出す。

・優先順位をつけて課題の上位3つを書く。

④解決策

どうやって？（How）

・課題を解決するための商品・サービス

⑦主要指標

・計測する主要な活動

・KPI

・単価×客数×頻度など

③独自の価

何を？

あなたの商品
どういった独
供するのか？

・あなたから

・差別化要因

・注目に値す

・尖るポジシ

・顧客のニー
るかも念頭

⑧コスト構造（顧客獲得コスト、流通コスト、人件費など）

・解決策を生み出すためのコスト

お金の構

図5-4　リーン

て整理しておきましょう。案外、自分自身ではわからないものなので、顧客をはじめ第三者に意見を聞いてみるのもおすすめです。あなたが提供する価値(商品・サービス)は、「誰に」「何を」「どうやって」提供しているのでしょうか。この3点が明確になると関係者の共通認識が深まり、協力体制が築きやすくなります。また、顧客にも価値が届きやすくなります。

「誰に」(Who)

あなたの商品・サービスを提供するお客様(ターゲット)は誰なのか。

「何を」(What)

他社に負けない、あなたが提供できる価値は何なのか。

「どうやって」(How)

他社に負けない価値を継続的に提供するための仕組みはどうやってつくるか。

この３点をビジネスモデルとして検証するフレームワークに「リーンキャンバス」というものがあります。スタートアップ企業などでよく使われるものです。

使い方は簡単で、図５－４のフレームワークを①～⑨の順に項目を埋めていくだけです。項目を埋めていく過程で、あなたが認識できていなかった課題に気づくことができるでしょう。これらは計画策定のブラッシュアップにおいて役立ちます。

リーンキャンバスは、図５－３のＳＷＯＴ分析で整理したあなたの会社を取り巻く外部環境・内部環境に、あなたの価値観（ミッション・ビジョン）を織り交ぜていくイメージです。

ＶＵＣＡといわれる環境の変化が激しい状況下の現在においてこそ、仮説検証を繰り返すことで自社の商品・サービスをブラッシュアップし続けることが大切です。

②売上

次に、目標とする売上金額に対して、具体的にどのようにアクションプランを立てるのかを考えます。

126ページ（第4章）で解説したとおり、売上は次の3つの要素から構成されています。

売上＝単価×客数×購入頻度

業種や自社のポジションによって違いはありますが、一般的には、それぞれ次のような方法で増やすことができます。参考にしてみてください。

単価

他社との差別化、独自の価値（選ばれる価値）、価値の伝え方（ブランディング）、セット販売、値上げ交渉 など

客数

集客を増やす（広告、SNS、WEB、リアル）、販路を増やす、営業を増やす、

紹介キャンペーン など

購入頻度

既存顧客へＤＭを送る、既存顧客への接触頻度を増やす、ポイントカードなど

あなたの会社が採用する方法は何ですか？ ３つの構成要素から、それぞれ自社に何ができるかを書き出してみましょう。

③ヒト

ヒトとは、あなたが目指すゴールに向かって協力してもらうパートナーであり、一緒にゴールテープを切る仲間たちです。成果を出すためには、目的に沿った組織であることが必要不可欠です。

経営計画をつくる上では、次の要素を踏まえながら組織をデザインしていきましょう。

・会社のステージ
・従業員数
・仕事の複雑さ
・採用の難易度
・年齢構成
・単一事業か複数事業か
・(同族会社の場合) 親族の構成

まずは図5－5のように、3年後、5年後、10年後にイメージする理想の組織図を書いてみてください。

組織の構成に明確な正解はありませんが、現状にとらわれると、できることが限られてしまいます。実現が難しいと思えることでも、

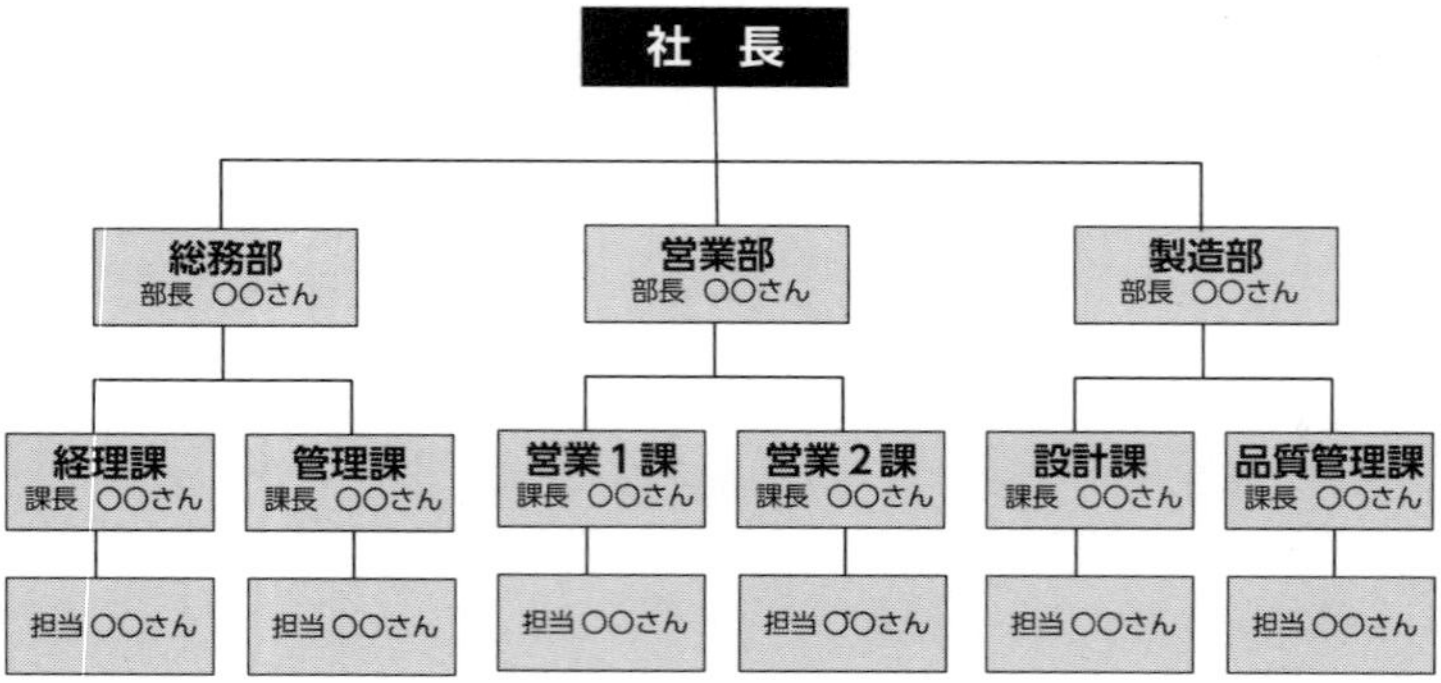

図5-5　組織図

組織力が強ければ工夫次第で目標に近づくことは可能です。

外注化の検討

今は採用が難しい時代です。人材不足が懸念点であるならば、外注を活用するのも有効手段です。全てを自社内でまかなおうとせず、替えのきかないコアな仕事は社員で行い、それ以外は全て外注化してもよいでしょう。外注化のような取り組みは、これからの時代にマッチした戦略の1つです。

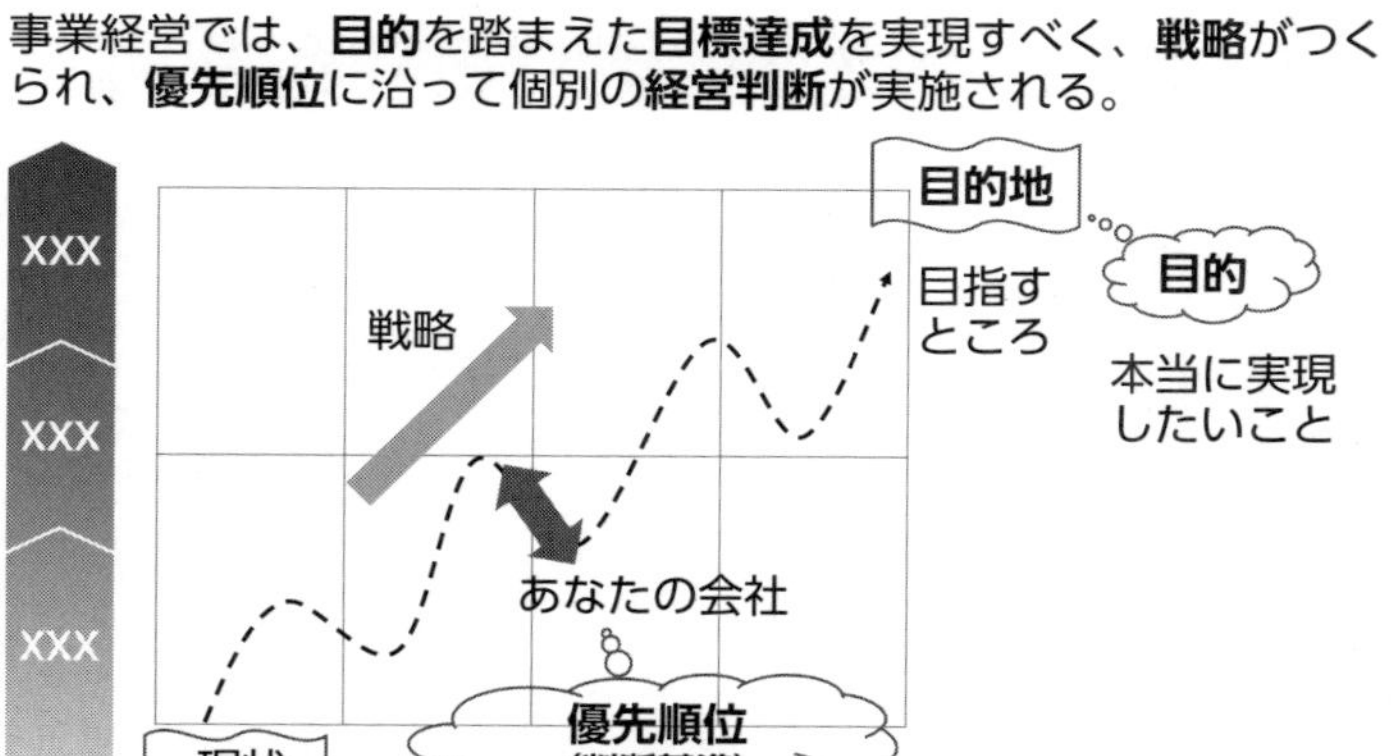

出所：高森厚太郎「P-CFO養成塾テキスト」を一部加工

図1-2（再掲）　目的地に向けての戦略と行動指針を考える

価値観を共有する大切さ

「①商品・サービス」の項目でも「誰に」「何を」「どのように」といったマーケティング戦略について触れましたが、その上位概念として次のベクトルが明確になっていないと会社の方向性が定まらず、社員によって判断基準がバラバラになってしまいます。

・何のために存在しているのか（目的）
・何を実現したいのか（目的地）
・そのためにどのような行動指針があるのか（優先順位）

ここはまさに、組織で羅針盤の方位を共有するところです。一緒にゴールを目指し、一緒にゴールテープを切るためにも、自社は何を目的に存在していて、何を実現するためにどこへ向かっているのかを社員にきちんと説明してください。また、そのためにどんな行動指針が用意されているのかを、今一度確認する必要があるでしょう。

こういったことを伝えることで組織のベクトルが明確になり、優先順位がつけられます。社員は共通の判断基準に沿って個々が自主的に判断できるようになるでしょう（図１－２）。

時々、絵に描いた餅のような「経営理念」や「行動指針」をお見かけすることがあります。額に入れられて社長室の壁に掛けられているものの、たいてい、昔につくってそのままになってしまっているケースがほとんどです。

時代が変わり、会社が目指す方向にも変化があったかもしれません。「経営理念」や「行動指針」を改めて見直してみることも、チームを再構築する上では有効です。

昨今では「パーパス経営」といって「自分の会社がなぜ社会に存在するのか」を重視するビジネスパーソンも増えています。こういった取り組みは社員のエンゲージメント向上や採用力の向上にも必要不可欠です。

④お金

目的地を目指すための選択、４つ目の項目は「お金」です。お金に関しては、とにかく次の手順で数字に落とし込んでください。数字に落とし込むことで初めて可視化され、インスピレーションが湧いてきます。

前年の数字をベースにして、売上・経費のシミュレーションをつくる

⬅

投資の計画があればシミュレーションに反映させる

⬅

シミュレーションを作成することで「いつ」「いくら」お金が必要なのかを明確にする

お金が「いつ」「いくら」必要なのかという、タイミングと金額のシミュレーションができれば、自社主導で金融機関と商品を戦略的に選ぶことができるようになります。逆に、お金が必要なタイミングや金額を前もって把握できていないと、場当たり的に金融機関ごとの金利や借入金額などの条件を単に比較して、提案されるが

単位：万円

		1年目	2年目	3年目	4年目	5年目	
損益	売上	30,000	32,000	27,000	31,000	29,000	
	ー売上原価 （仕入、材料費、製造原価）	9,000	10,240	8,100	9,300	8,700	
	粗利	21,000	21,760	18,900	21,700	20,300	
	ー販売管理費 （人件費、その他経費）	20,000	20,500	19,500	21,000	19,500	
	営業利益	1,000	1,260	-600	700	800	
	±営業外損益 （金利の支払い、配当など）	135	108	105	72	99	
	経常利益	865	1,152	-705	628	701	
	±特別損益 （単年だけの損益）	0	0	0	0	0	
	税引前利益	865	1,152	-705	628	701	
	ー税金 （法人税、事業税）	285	380	7	207	231	※実効税率33%
	税引後利益	580	772	-712	421	470	
キャッシュフロー	税引後利益	580	772	-712	421	470	
	＋減価償却費	300	300	300	300	300	
	返済財源 （会社の手取り額）	880	1,072	-412	721	770	
	ー返済 （銀行返済、積立、保険）	1,800	2,200	2,200	3,200	3,800	
	キャッシュフロー （手元に残るお金）	-920	-1,128	-2,612	-2,479	-3,030	
	＋新規借入	0	2,000	0	5,000	3,000	
	年間キャッシュフロー	-920	872	-2,612	2,521	-30	
現預金	期首現預金残高	3,000	2,080	2,951	339	2,860	
	±年間キャッシュフロー	-920	872	-2,612	2,521	-30	
	期末現預金残高	2,080	2,951	339	2,860	2,830	
借入残高	期首借入残高	9,000	7,200	7,000	4,800	6,600	※5年平均で返済
	ー返済	1,800	2,200	2,200	3,200	3,800	
	新規借入	0	2,000	0	5,000	3,000	
	期末借入残高	7,200	7,000	4,800	6,600	5,800	

図5-6　売上・経費のシミュレーション

ままに決めることになりかねません。

財務のシミュレーションを作成するだけで、調達の仕方もずいぶん変わってきます。ぜひ、目的に応じた計画を立ててみてください。

図5－6は5年のフォーマットですが、ありたい姿（目的地）から逆算して何年で達成する計画を作成していただいても構いません。

現実には計画通りには進まないことばかりでしょう。しかし、都度修正し続けることで確実に目標に近づいていきます。

2. 経営計画をつくる上での基本的な「考え方」

会社経営では、常に競合他社や代替品との競争環境にさらされています。生き残るためには「負けない」心構えが非常に大事です。

これは特に起業を経験した創業経営者に多いように思えますが、「売上を伸ばす」

「新商品を開発する」といった攻撃面を得意とする一方で、ディフェンス面を後回しにしがちです。

しかし、戦いの基本は「勝つ」ことよりも「負けない」ことです。今をときめく棋士の藤井聡太さんは、丹羽宇一郎さんとの対談書『考えて、考えて、考える』（講談社）で次のように述べています。

対局に臨むときに、勝ちたいという気持ちじゃなくて、「一つ一つの局面に、なるべく最善に近い手を探して選択していきたい」と思っています。将棋で負けるときには、必ずどこかで自分が悪手を指している。逆にその悪手を指さなければ、負けがそれだけ遠ざかるというか、負けにくくなる。

「勝ち」を取りに行くのではなく、「負けない」という姿勢を取っていることがわかりますね。

また、２０２３年に１９８５年以来となる38年ぶりに日本一になった阪神タイガースの岡田監督（当時）は、投手力と守備力を重視した「守りの野球」を基本としていました。

スポーツに限らず、勝負事においては攻撃面の方が派手だし、エンタメとして面白いものです。観客からするとつい攻撃に注目してしまいますが、勝負論では、勝つための基本は「ディフェンス」にあります。地味ながらしっかりディフェンスを固めた方が、負ける確率は下がるからです。

経営における「負けないための考え方」は、主に次の４点と考えられます。

①マイナス思考の危機管理
②当たり前を当たり前に行う
③役割を明確にする
④勝利の方程式を知る

詳しく見ていきましょう。

①マイナス思考の危機管理

不測の事態を想定する

ぼくの人生経験の中でも、世の中的に「想定外」といわれたことが、たびたびありました。

・バブル崩壊
・阪神淡路大震災
・リーマンショック
・ＩＴバブル崩壊
・東日本大震災
・新型コロナウイルスの蔓延《まんえん》
・ロシアのウクライナ侵攻　など

次に起こる「想定外」は何でしょうか？　南海トラフ？　食糧危機？　第三次世界大戦？

何があるのか、未来は誰にもわかりません。

しかし、将来に何が起こるかわからないけど「何かは必ず起きる」ということ、そして、何かが起きたときに「備え」がなければ危機に陥ることはわかります。

ぼくは、コロナ禍で倒産した会社も見てきました。パンデミックが倒産の引き金になったことは事実かもしれません。でも、リスクを想定していなかったことや、もともと経営が厳しかったものがコロナ禍で表面化したという側面が多分にあったことも事実です。

備えるべきものは「お金」

では、想定外のリスクに対する「備え」とは、何でしょうか？　それは「お金」です。

「貧すれば鈍する」という「貧乏になると知恵や精神の働きが鈍り、さもしい心を持つようになる」という意味の慣用句があります。資金繰りに窮すると債務者は冷静な判断ができなくなり、とにかくその場の資金繰りしか考えられなくなりがちです。

ぼくのクライアントの中にも、漫画『ナニワ金融道』や『闇金ウシジマくん』に出てくる債務者のように、思考停止に陥った経営者もいました。やはり、お金の余裕は気持ちの余裕につながります。お金があるからこそ、冷静な判断ができるのではないでしょうか。

幻冬舎の名物編集者の箕輪厚介さんの著書に『死ぬこと以外かすり傷』という本があります。行動変容を促す、とても面白い内容です。

・他人軸ではなく、自分軸で行動しよう
・スピード重視
・とにかく行動しよう
・熱狂しよう

若手のサラリーマンや学生であれば「とにかく行動」で突っ走ることもできるでしょう。また、若ければケガの治りも早く、かすり傷はあっという間に回復するかもしれません。

でも、会社の経営はギャンブルではありません。かすり傷のつもりが致命傷になって倒産につながるリスクだってあります。挑戦する精神は大事ですが、備えとして余裕を持って資金を準備しておくことが絶対に必要です。

「資金の余裕」といっても、一概に決まった数字があるわけではありません。よく「現預金の残高として、月商の3カ月分は手元に置いておくと安心」などと言われることもあります。でもぼくは、簿外の資産も合わせて、換金すれば1年分の運転資金になるくらいの余裕を持っておくことをおすすめします。

何が起こるかわからない時代だからこそ、備えの有無が会社の存続を分けるカギとなるでしょう。

「ダム式経営」を目指す

ネガティブな話が続き、及び腰になってしまった方もいるかもしれません。しかし、脅すわけではありませんが、想定外の出来事は必ず起こり得ます。パンデミックや大地震のような世界を揺るがす出来事でなくても、例えば次のようなことだって、あなたの会社には大きな打撃を与えるでしょう。

・エース社員が退職する
・最大手の取引先が倒産する
・経理社員が不正をする

考えたらきりがありませんが、いろいろと最悪の状況を想像してみてください。

一方、米国ミシガン大学など複数の研究によると、次のような結果が得られたそうです。

・あなたが考える心配事の80％は実際に起こらない

・残りの20％のうち、16％は事前に準備していれば対処可能
・実際に起こるのは5％程度

個人と会社経営では、課題の複雑さや、不安に感じる内容も異なるので、単純に当てはめることはできないかもしれません。しかし「心配事の95％は起こらない」「仮に起きても、準備をしておけば対応ができる」という研究結果は心強く感じませんか。

経営者にありがちなのは、少し儲かったら次のような「楽しい」ことに手を出すケースです。

・高級車を買う
・ゴルフなどの趣味にはまる
・リゾート会員権を買う
・投資をする

・夜の世界に顔を出す

もちろん、これらは悪いことではありません。ビジネスに息抜きは大事です。喧《けん》噪《そう》から離れて英気を養ったり、新しい人脈との出会いがビジネスチャンスにつながったり、リフレッシュして頭を休めることでひらめきを得たりするメリットは当然あります。

でも、やり過ぎは禁物。業歴の長い会社の経営者ほど、業績が厳しくなってもなかなか生活レベルを下げられず、合理的ではない判断をしてしまいがちです。これは「ラチェット効果」といわれる現象で、慣性の法則が働くためとされています。

あくまでもリスクをコントロールした上で楽しむことを心がけてください。「ダム式経営」を目指し、手取り以上の支出になっていないか、本業以外の資産を購入し過ぎていないか、といったセルフチェックを忘れないでください。

②当たり前を当たり前に行う

「名選手、名監督にあらず」という言葉があります。これは、優秀な成績を収めた実績がある選手が必ずしも優秀な監督になれるとは限らないという意味の格言です。理由として次のような点をよく指摘されるからです。

・自分の成功体験から、自分の型を押しつけがち
・求めるレベルが高くなってしまいがち
・「自分ができること」と「できる人を育てること」は別の能力

しかし実際には「名選手、名監督にあらず」が当てはまるケースとそうでないケースがあります。当てはまるケースには監督になられた名選手の名前がいくつも思い出されます。

一方で、当てはまらないケース、つまり「名選手であり名監督でもある」という

ケースもあるのです。

・野村克也さん
・落合博満さん

そして、阪神の岡田前監督も当てはまらないケースの1人だと思います。

ここで挙げた3名の監督に共通することとして、「ディフェンス」を重視した点が挙げられます。ピッチャー、キャッチャー、セカンド、ショート、センターといった、いわゆる「センターライン」を重視したのは有名です。「攻め」よりも「守り」を固めた方が負ける確率が少なくなるという、マイナス思考の危機管理です。

また、もう1つの特徴が「適材適所」の人員配置です。つまり、自分の型を押しつけたり、自分のやり方にこだわったりして相手を無理に変えようとするのではなく、「できる人・得意とする人」を適切なポジションに配置して、その能力を伸ばすことに注力したのです。

ある意味「当たり前」を当たり前に行ったといえます。これを経営の世界に置き換えて考えてみましょう。

社長を超える人材はいない

特に創業社長の場合は、会社や事業に対する思いが強く、モチベーションが高いのは当たり前です。

・実現したい夢
・解決したい社会課題
・待遇への不満、裏返しの自信

こういった気持ちにあふれているのではないでしょうか。
また、創業社長ではなくても、経営者は従業員と比べると経営に関しての情報量が多く、圧倒的に広い視野を持ち、高い視座から見渡すことができているものです。

ですから、社長はそういった背景も折り込んで「そもそも自分を超える人材はいない」という認識を持ちましょう。従業員に自分と同じだけの思いやモチベーションを求めて期待値が高くなり過ぎては、ギャップを埋められなくなってしまいます。それでは良好な関係性の構築が難しくなります。

キャッチボールを大切に

岡田前監督が基本の重要性を語る際に「結局、キャッチボールやんか」という言い回しをよくされています。普段から意識して基本動作に取り組めているかどうかが、いざというときに現れるという意味です。

ビジネスに置き換えてみると、「キャッチボール」は例えば次のようなことだと考えられます。

・挨拶をする
・身の回りをきれいにする

・感謝を伝える
・報告・連絡・相談
・時間を守る

どれも基本的なことですよね。しかし、こうした基本が身についていれば、業界のトップには立てなくても、地域でナンバーワンや、一定のカテゴリーでトップになるなど、そこそこは戦うことができます。また、「基本」のレベルが抜き出ると、それだけで差別化が図れて、ライバルから頭ひとつ抜きん出ることができます。

社長や幹部は、ぜひ挨拶や感謝といった基本を率先して実践してください。業績の伸びない会社は、経営者自身が「キャッチボール」のような基本をおろそかにしているケースが多いように思います。

ファインプレーを目指さない

岡田前監督はまた「捕れる打球を確実にアウトにしろ。ファインプレーはいらない」といったことを繰り返し選手に伝えていたそうです。

経営者でも「大きい仕事」「派手で注目を集める仕事」にしか関心を示さない方がいます。従業員でも同様に、単純作業には手を抜いて、目立つ仕事ばかりしたがる人もいます。

もちろん、高い目標に挑戦しないと成長はありません。地味な仕事ばかりでは面白みにかけるのも事実です。

でも、売上を見てみると、総売上は大型契約だけからなるのではなく、中型契約、小型契約全ての足し算です。1件当たりの受注額の大小や仕事の難易度が特別加点になるわけでもありません。

ファインプレーは目の前の仕事をしっかりとこなした延長線上に生まれるものであって、ファインプレーを目指そうとして派手な動きをしたから発生するものではありません。

地道な作業をコツコツと。ストック売上やリピート売上を大事に構築している会社ほど足腰が強いものです。

「フォアボール」を評価する

2023年の阪神タイガースは、個人としてタイトル争いをする突出した選手はいませんでした。しかし結果的に高い出塁率を背景に、年間で555点をマークしました。

この仕組みとして「評価体制」を見直したことが要因といわれています。

・フォアボールの査定をアップ
・根拠のある見逃し三振はOK

フォアボールは相手のエラーで出塁できるので、攻撃側にとってはシングルヒットと同じ価値があります。しかし、それまでのプロ野球では「ヒット数」にカウントされないため、塁に出てもさほど評価は得られませんでした。

さらに、ストライク球を見逃して三振をした選手は「消極的なミス」という評価を受けるため、マイナス評価をされるのが一般的でした。こうしたことから、見逃し三振にならないように振る姿勢が良しとされ、結果的にフォアボールのチャンスも逃してしまっていた場面がよくありました。

でも、勝負という観点からは、ヒットを打つのもフォアボールを選ぶのも、効果は同じです。

そこで岡田前監督は、打者のボール球への見極めを徹底させて、リーグ最多の４９４個のフォアボールを選ばせて前年比１３６個増加させました。このプロセスにより、前年４８９得点から66点増の年間５５５得点につながったのです（図5―7）。

ビジネスでも、結果を出すための指標（ＫＰＩ管理）を単にノルマ化しても、人は動きません。最終的な成果を出すための「行動基準」をわかり

	監督	順位	勝	負	分	勝率	得点	失点	打率	本塁打	盗塁	防御率	四球	失策
2023	岡田監督	1	85	53	5	0.616	555 (1)	424 (1)	.247 (2)	84 (5)	79 (1)	2.66 (1)	494 (1)	85 (6)
2022	矢野監督	3	68	71	4	0.489	489 (5)	428 (1)	.243 (5)	84 (5)	110 (1)	2.67 (1)	358 (3)	86 (6)

図5-7　阪神タイガースKPI比較

やすくして、会社として支援できる仕組みをつくることが大切です。

・数字に表れない貢献度を数値化する
・誰もがやりたがらないことをやったら評価する
・成果につながるプロセスを評価する

ヒットを打つこととフォアボールを選ぶことが効果として同じであるように、売上を伸ばして利益を残すことと無駄なコストを省いて利益を残すことは、経営面で同じ効果を発揮します。見落とされがちなことではありますが、目的は売上を伸ばすことではなくて、利益を伸ばすことだと忘れないでおきましょう。

さらに付け加えると、出塁することはプロセスで、得点してナンボです。同様に、利益を伸ばして現預金が増えて初めて成果が出たといえるでしょう。

③役割を明確にする

２０２２年まで指揮を執った阪神タイガースの矢野元監督は、攻撃面を優先し、そのときの選手の調子に応じて守備のポジションを柔軟に変更する方針でした。

主砲の大山選手は元々はサードでしたが、レフト、ライトと３ポジションを、佐藤選手もライト、サード、ファースト、セカンドと４ポジションにつきました。

レギュラー選手を固定化しないため、多くの選手に出場機会があり、これは次の３つのメリットを生み出しました。

・控えの選手が少なくなりモチベーションが維持できる
・多くの選手が経験を積める
・選手が休養をとれる

現在もこうした方針をとっている球団は多く存在します。

しかしデメリットもあって、守備のポジションが固定化されないことで

・エラーが多い
・エラーをしても複数ポジションが言い訳になる
・守備の連携に習熟効果が期待できない
・守備の不安からバッティングの集中力を欠く

などの点が指摘されていました。

2023年の阪神タイガースは、大山選手をファーストに、佐藤選手をサードに固定して主砲の軸を固めることで打撃成績がアップしました。

ビジネスの世界でも、昔は1人の営業担当者が見込み客の発掘、プレゼン、顧客フォローまで全て担当していました。しかし現在では、マーケティング担当、インサイドセールス、フロント営業、顧客フォローといった感じで分業化が進んでいます。

中小企業の場合、人員に制約があるので細かく分業するのは難しいかもしれませ

ん。また、配置転換には退職リスクもあるので、業務と従業員の特性も踏まえた上で「方針」の明確化や十分なコミュニケーションを図るなどの配慮も必要でしょう。

それでも、従来通りのマルチタスクを前提とするビジネスは、時代の流れに合わなくなってきています。採用・教育コスト、時短の流れ、退職・休職時の代替要員の確保など、個人に多くを求めることにリスクもあります。

今は外注やＩＴ、さらにＡＩでできることも増えてきました。営業や顧客対応・商品開発といったコア業務に集中できる環境を整える選択肢も取り入れる発想が必要かもしれません。

④勝利の方程式を知る

勝負事には、いわゆる「勝ちパターン」があるものです。しかし意外と、自社がどんな状況だと勝てるのかを理解できていないケースも多いもの。あなたの会社における勝利の方程式を見つけていきましょう。

阪神タイガースの場合

阪神タイガースはホームランが出にくい広い甲子園球場を本拠地とするため、チームのコンセプトは「守り」です。

- ・ピッチャーが粘り強く投げて
- ・センターラインを中心に守備が固く守る
- ・機動力を使った攻撃で少ないチャンスをものにする
- ・中継ぎ、抑えで逃げ切る

これが阪神タイガースの勝ちパターンです。

固定のレギュラーメンバー以外は、野手では代打要員、守備要員、代走要員などの役割分担も明確ですし、投手も中継ぎ、抑えの型があるので劣勢に陥っても立ち返る拠《よ》り所があるといってもよいでしょう。

このように、自分たちのチームの強みや弱みを理解した上で、どのような戦術をとることが勝ちにつながるのかを考え抜いています。こうした考え方を、あなたの会社にも応用してみましょう。

攻撃面（マーケティング）

経営資源は有限です。あなたの勝ちパターンを考える際には、どこに資源を集中すべきかを整理する必要があります。

ここでは「戦略的経営の父」とも呼ばれるイゴール・アンゾフが提唱した「アンゾフの成長マトリクス」を使って考えてみましょう。アンゾフは、成長戦略を縦軸に「市場」、横軸に「製品」を置き、それをさらに「既存」と「新規」の４象

		製品	
		既存	新規
市場	既存	A 市場浸透戦略	B 製品開発戦略
	新規	C 市場開拓戦略	D 多角化戦略

図5-8　アンゾフの成長マトリクス

限に分けました（図5－8）。

A．市場浸透戦略（既存市場×既存製品）

既存顧客に再販商品や取引のなかった商品を提案して、シェアを拡大させる作戦。すでに取引がある先へのアプローチなので、コストもかかりません。

B．製品開発戦略（既存市場×新規製品）

既存顧客に新商品を提案します。すでに取引がある先へのアプローチなので、新規顧客より断然受け入れてもらいやすいというメリットがあります。「コンビニ×無印良品」などが、この事例です。

C．市場開拓戦略（新規市場×既存製品）

新規市場に既存商品を投入する挑戦になります。化粧品メーカーの男性向けコスメ市場への参入、お線香メーカーの雑貨市場への参入など、マーケティング面で新規要素が強くなります。

Ｄ．多角化戦略（新規市場×新規製品）

新規性が強いので、余裕がありリスクを負える状況のときや、既存事業に将来性が見いだせない場合に選択する作戦です。

難易度は、Ａ市場浸透戦略→Ｂ製品開発戦略→Ｃ市場開拓戦略→Ｄ多角化戦略の順に高くなります。

「Ｃ市場開拓戦略」と「Ｄ多角化戦略」はマーケティングに費用がかかります。また、新規顧客ばかり追いかけたり、新商品を次々とリリースしたりする場合、費用のデメリットだけでなく、根本的には既存顧客、既存商品の満足度が高くないという問題を抱えていることも少なくありません。

商品の満足度が高ければリピートや紹介で一定の売上が見込めるため、新規顧客を開拓し続ける必要はないからです。

中小企業の勝ちパターンは「A市場浸透戦略」「B製品開発戦略」の徹底が基本です。「A市場浸透戦略」「B製品開発戦略」の収益で「C市場開拓戦略」と「D多角化戦略」へのチャレンジをうかがうのがセオリーです。

ぼくの支援先には、とにかく「A市場浸透戦略」と「B製品開発戦略」を徹底することで成果を上げている会社が多くあります。

守備面（利益を確保する）

繰り返し申し上げてきましたが、勝負事は「ディフェンス」が基本です。

もちろん会社経営では、売上がないと始まりません。しかし、限られた売上でもあなたのお金（自己資本）が増えるような体質（勝ちパターン）を目指すのが、中小企業の正解です。

勝ちパターンをつくる上で、あなたが監督（経営者）として押さえないといけない数字は、基本的にはたった2つだけです。

・会社の現在地（会社にいくらお金があるのか）……第３章参照
・会社の手取り（支出（キャッシュアウト）を手取り金額の範囲内にコントロールできているか）……第４章参照

その上で本章で見てきた「ファイナンスでのビジョンを持つ」ということに尽きます。これが、あなたの会社においてディフェンスを固めるということです。

3. 資金計画の立て方

あなたは会社の資金計画を作成していますか？

売上計画、経費計画、資金計画について、書くことで実現の可能性が高くなることは先に述べました。精度はともかく、まずは計画を立ててみることが重要です。

資金計画を作成する目的は、本書のテーマでもある「あなたの会社の利益を３倍にアップさせるため」です。本書でたびたび触れてきたことについても、資金計画をつくることでクリアになっていきます。

・現在地を把握する
・目的地（ゴール）を明確にイメージする
・「稼ぐ力」を把握する
・ゴールへの適切な手段を選択する

本来、こうしたことを盛り込んだ資金計画は、あなたにとっての「ガチンコの数字」です。でも、ひょっとしたら、あなたには資金計画をつくる別の目的もあるかもしれません。

・金融機関へ融資を申し込む
・出資をお願いする

・投資家に報告する

こうした状況では「アピールが必要」「弱みを見せられない」といった事情もあるでしょう。

もちろん、「ガチンコの数字」を対外的に出しても構いませんが、守り勝つことを目的とする数字は、どうしても保守的に映ってしまうかもしれません。もし対外的にアピールをする目的であれば、２つの資金計画を使い分けてもよいかもしれませんね。

事実、上場会社でも社内向けの計画数字と株主向けの計画数字が異なる会社も多く存在します。社員にはストレッチした利益目標を課して、対外向けには計画との差異が大きくても問題なので、少し抑えめにして、資金計画は保守的にするといった具合です。

ただし、複数の計画があると、どこにどの計画を提出したのかわからなくなり、混乱してしまう恐れもあります。また、どれが「ガチンコの数字」なのかわからなくなってしまう経営者もいらっしゃいます。そうすると、結局数字の意味が薄れてしまい、せっかくの経営計画が形骸化してしまいます。

会社の置かれている状況によっても異なりますが、金融機関には「ガチンコの数字」の方が信頼してもらえるケースも多いと思います。ぼくは、基本的には魂の込もった「ガチ」1本でよいという考えです。

ともあれ、まずは計画を立てないことには話が始まりません。完璧である必要はないので、自分の考えを書き表してみてください。

4. チェック体制の構築（経営計画を生かす方法）

本書をここまで読み進めていただいたあなたは、「よし、やってみよう」という前向きな気持ちになっていただけたかもしれません。思い立ったときは最もモチベーションが高く、やる気に満ちあふれているものです。

しかし、本書を閉じて、慌ただしい日常を過ごしていると、そんなモチベーションもどこへやら……。ふと気づくと半年が過ぎていて、すっかり忘れてしまっていた——こんな経験はありませんか。

継続して習慣化するというのは、本当に難しいですよね。意志だけではなかなか実行が難しいので、環境を整備することで対策することが有効です。

①日付を決める

スケジュールを立て、具体的な日付を決めてしまうことで「気づいたら半年後」といった状況を防ぐことができます。

・試算表は翌月の10日までに仕上げる
・営業会議を毎月10日に実施する
・業務日報を必須にする

このようにルーティンに落とし込むと忘れにくく、実行の可能性が高まります。しかし、一般的にルーティンは重要度が高いものの緊急度は高くないので、どうしても後回しにしてしまいがちです。経営者のあなたがルーティンの重要性を意識して、継続して取り組んでいきましょう。

②道具を活用する

クラウド型のバックオフィス部門のソフトウェアが充実してきたため、数字の集計がかなり簡単になりました。

クラウド型の会計ソフトでは、インターネットバンキングやクレジット会社から直接データを取り込み、ＡＩが半自動で仕訳までしてくれるので、会計にかかる作業量が3分の1から5分の1くらいまで減少したといわれています。

メリットを整理すると、次の点が挙げられます。

・基本的に直接入力が不要
・入力不要なので数字の入力ミスが発生しない
・タイムリーに数字が把握できる
・インターネット環境があればどこでもシェアできる

クラウド型ソフトを導入して手間をかけずに数字を集計できるようになると、担当者の作業負担も心理的な負担もぐっと下がるでしょう。

２０１０年以降から普及し始めたクラウド会計ソフトは、最近ようやく普及率が30％を超えたそうです。大きなメリットがあることを考えると、かなり普及に時間がかかったと思います。

ぼくは10年以上前から、クライアント企業には必ず経理のクラウド化を提案します。しかし、現場から反対されるケースが結構あります。合理化の抵抗勢力は、経理担当者と税理士の２者です。

主な反対理由として、次のような主張があるようです。

・手で入力した方が速い
・意味がない
・情報漏洩《ろうえい》のリスク

しかし、こうした主張は見当外れです。

（主張）手で入力した方が早い
（実際）自動入力の方が速いのは一目瞭然。手入力はミスが発生しやすく、また入力コストは会社の負担。
（主張）意味がない
（実際）詳細の理由を聞いても納得できる説明がされることがない。「変更するのが面倒くさい」というのが本音。

（主張）情報漏洩のリスク
（実際）現在のＵＳＢの抜き差しと、どちらがリスクが高いかは比べるまでもない。

新しいシステムを導入すると、担当者としては今までの自分の仕事を否定されたかのような気持ちになり、心理的な抵抗を感じるのも理解できます。

しかし、クラウド会計ソフトに関しては明らかに導入メリットの方が大きいので、ぜひ、社長のトップダウンで意思決定してください。たいてい、導入後には反対していた人の態度が１８０度変わり、協力的になってくれます。

③メンターをつける

顧問税理士、コンサルタントや社外ＣＦＯなど、専門家に定期的に面談をお願いするのも１つの手です。数字がそろわないと面談できないので、「面談までに数字を集計しよう」と一定の強制力が働きます。

こうした面談は、緊急度は低いかもしれませんが重要度の高い振り返りになりますので、結果的に変化への気づきと対応が迅速になります。振り返りが習慣化するまでは、こうした強制的な環境づくりを検討することをおすすめします。

人間は弱い生き物です。学生ではテスト、社会人でも営業ノルマや会議発表などの強制的に行動を促すイベン

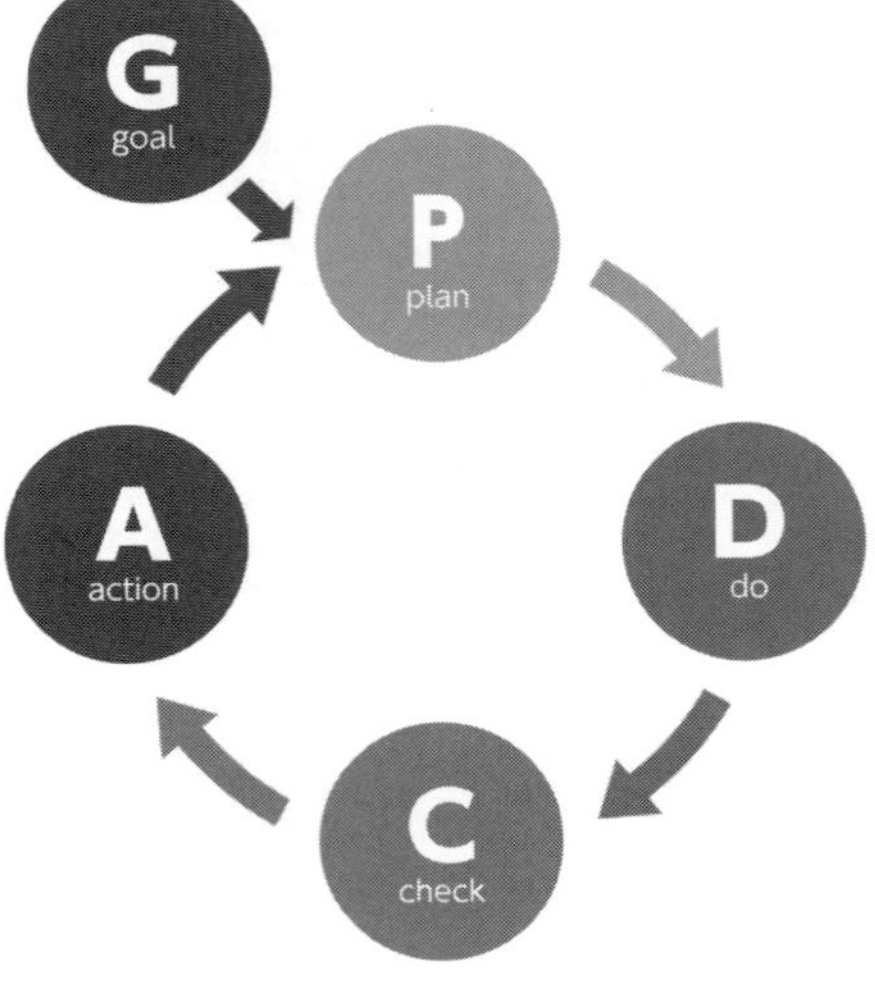

図5-9　ゴールの設定→計画策定→実行→チェック→修正・リプランのサイクル

トがないと、なかなか自分に厳しくすることができません。経営者には「上司」に当たる存在がいないので、なおさら自分を律するのが難しいものです。

ぜひ、チェック体制を築き、自分を行動せざるを得ない環境に追い込んでください。環境の力で「ゴールの設定→計画策定→実行→チェック→修正・リプラン」のサイクルを回し続けてください（図5－9）。

④「うまくいかない」をイメージしておく

2024年の阪神タイガースは、優勝した2023年の戦力が若かったということもあり、メンバーの習熟効果から補強なしでも上積みができると期待されました。しかし、開幕から主力打者の森下、大山、佐藤の3選手がまさかの不調、加えて、開幕投手も絶不調という、考えられないくらいの低調スタートでした。

しかしながら、岡田前監督は再三「うまくいかなくて当たり前」と言い続け、9月の終盤に優勝争いを演じるまでにチームを復調させました。

こういった舵《かじ》取りは普段からの準備が大切です。付け焼刃ではなく、チームの目指すベクトルが統一されていたからこその底力だったと思います。

経営においても、「うまくいかないものだ」と思っていれば、本当にうまくいかなかったときにすぐに対策を打てるのです。常にマイナス思考で危機管理に努めてください。

本書は「お金」に苦手意識があって、「決算書」や「会計」などの用語をあまり好んで聞きたくない経営者向けに書きました。どうしても置き換えができなくて、やむを得ず会計用語を使わざるを得なかった箇所がある点はご容赦ください。

ぼくは会社員時代も含めて、コンサルタント・社外CFOとして中小企業・ベンチャー企業の「企業参謀」として直接携わらせていただき20年以上になりますが、「数字」への理解があいまいな経営者があまりに多いというのが正直な感想です。

YouTubeやインターネット、書籍などのさまざまな媒体で「節税方法」「資金繰り」「銀行対策」「投資家対策」「ファイナンス」など、多くの情報があふれています。

１つずつの情報が正しいのかどうかといった枝葉末節にとらわれるのではなく、全体最適は何かを俯瞰して見ることができないと、個別最適の判断はできません。

本書の第３章、第４章では「会社にお金はいくらあるのか」「会社の手取りはいくらで、支出（キャッシュアウト）はいくらなのか」という2点を押さえようと解説しました。この２点だけ押さえれば、全体最

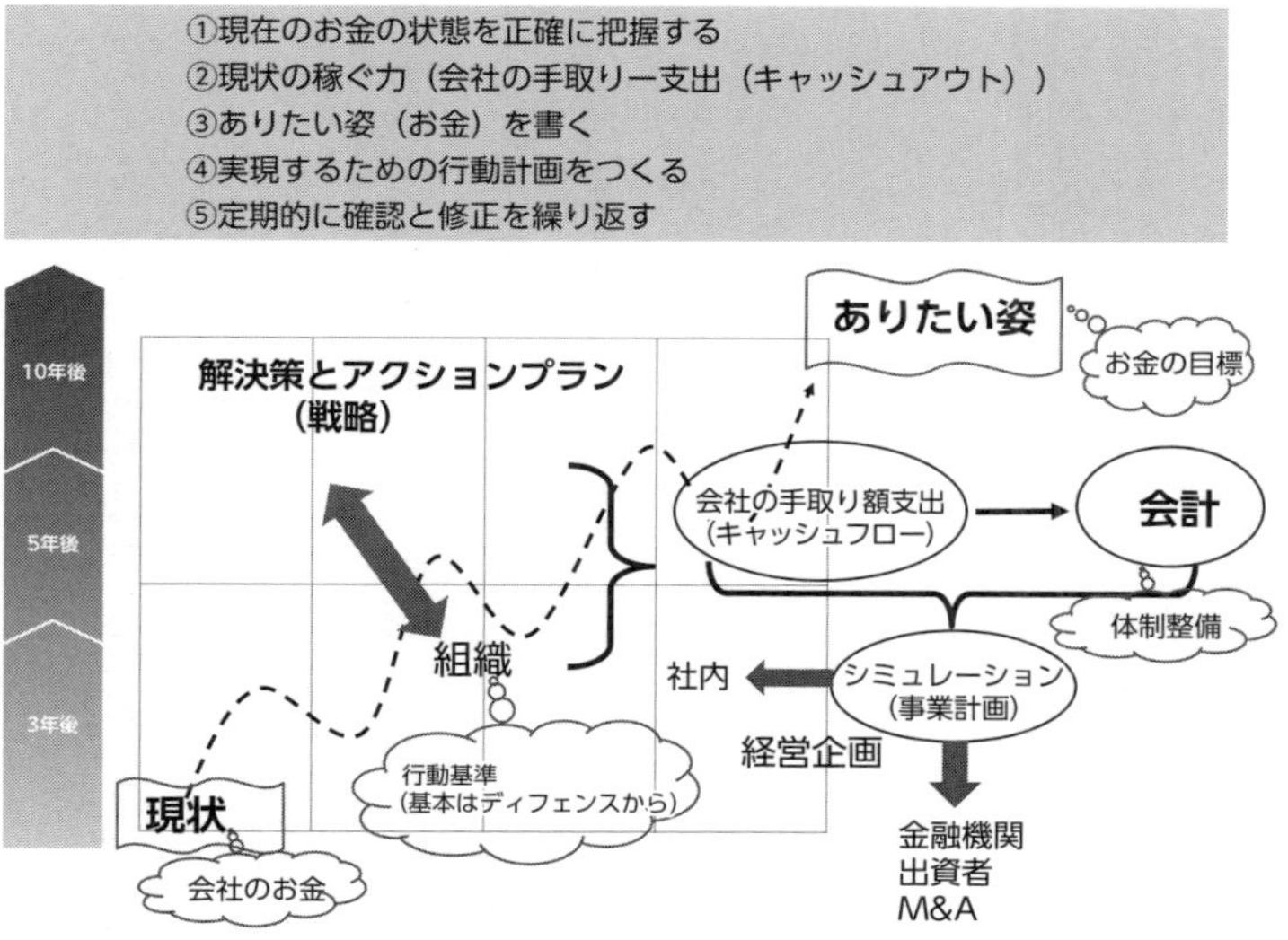

出所：高森厚太郎「P-CFO養成塾テキスト」を一部加工

図5-10　利益を3倍アップさせるための相関図

適化の視座を獲得することができるでしょう。

また、アクションプランの立て方として、グーグルマップを経営の羅針盤に例えて解説しましたが、使い方は極めて簡単です。ナビゲーションを設定してしまえば、後は状況に応じて都度修正すればよいのです。

こうして「現在地」「目的地」「稼ぐ力」を理解・把握して、適切な「考え方」をもって「選択」すれば、気がつけばあなたの理想のゴール（アレ）にたどり着くことでしょう。あなたの会社はきっとうまくいきます。

おわりに

最後までお読みいただき、ありがとうございます。

本書を書き始めた2024年夏、ぼくは阪神タイガースの連覇を確信していました。そして、岡田監督（当時）の「守りの野球」を経営に生かした財務マネジメント論を本にしようと企画したのですが、2024年シーズンは惜しくも2位という結果となってしまいました。

しかしながら、前年の2023年には阪神タイガースが38年ぶりの日本一に輝き、引き続き2024年も見事な追い上げを見せてくれたので、関西では岡田監督の一挙手一投足が連日メディアで取り上げられ、ファンとして本当に楽しませてもらいました。

当初の契約通り、2024年をもって岡田監督は勇退され、2025年以降は愛弟子の藤川球児さんが監督に就任されました。就任会見では理想の監督像を岡田前監督と語られており、藤川新監督における「優先順位のつけ方」を注視して期待したいと思います。

岡田前監督の合理的な采配や指導には、時を同じく2024年1月から放送された阿部サダヲさん主演のTBSドラマ「不適切にもほどがある」さながら、昭和にタイムスリップしたような懐かしさと明解さがあり、ビジネスパーソンの1人として多くの気づきがありました。

令和時代の「選手ファースト」「多様性」「SDGs」「コンプライアンス」といった価値観は、ややもすれば窮屈でもあります。そこに、岡田前監督の指導には「わかりやすさ」「厳しさ」「愛情」といった昭和的な良い面が多分に存在したように思います。

Netflixで配信された、ダンプ松本さんを描いた「極悪女王」のヒットの裏にも、そういった社会の空気感に対する令和のカウンターとしての側面もあると考察します。

ぼくは社外ＣＦＯとして、中小企業・ベンチャー企業の企業価値向上を使命に経営者の伴走支援を生業としています。

「フォローザマネー」という言葉がありますが、お金の流れを追いかけると、臆測や思い込みではなくて、客観的な事実として会社の全体像と経営者の価値観がはっきりとわかります。

変化が早く先が読めないといわれる現在、経営者の負担は今まで以上に大きく、もはや1人で情報収集、情報処理、意思決定を行うのは現実的ではないと考えるときがあります。

実際に、財務を中心とした「ディフェンス」分野に費やす時間はどうしても限定的で、結果的に本質を理解できないまま「切り取り」のような情報を組み合わせ、本意でない意思決定をしてしまっている経営者が多いと感じます。

そういった経営の複雑性に対応するためにＣ－スイートと呼ばれる分業制が理想的な経営体制と考えられ、ＣＥＯ（最高経営責任者）、ＣＯＯ（最高執行責任者）、ＣＦＯ（最高財務責任者）の三権分立体制を取り入れる会社が日本でも増加しています。

とはいっても、中小企業・ベンチャー企業にとってＣＦＯの設置は①採用がそもそも難しい、②高コスト、③高度な仕事のボリュームは雇用するまではない、といった理由から、専門人財の獲得までは至っていないのが実情です。

そこで、弊社では社外ＣＦＯという常勤ではない外部専門家の立場で、経理部長や経営企画部長、会計事務所とは違った視座で経営者陣の1人として支援を行っています。

令和時代における企業経営では、岡田前監督の戦術で見られた「役割分担」「分業制」という合理的な経営管理体制の構築が、有効なカードの1つになるのではないでしょうか。

とはいっても、ＣＥＯの立場にある経営者にも絶対に押さえておいてほしい点があるので、本書では社外ＣＦＯとしての立場から、ポイントを絞って執筆いたしました。

この本がきっかけとなり、読者の皆さまの財務リテラシーが高まることを通じて、オリジナルの価値が発揮でき、その結果として企業価値が向上し、ひいては日本の中小企業・ベンチャー企業の発展に貢献できることを願ってやみません。

最後になりますが、本書の企画のアドバイスをいただいた株式会社ＫＯＩコミュニケーションズの三浦考偉さん、本書の出版にご尽力いただいた産業能率大学出版部の瓜島香織さんに厚く御礼を申し上げます。

令和7年2月

ＵＫパートナーズ株式会社 代表取締役 梅村 尚樹

◆参考文献◆

・『中小・ベンチャー企業 CFO の教科書』高森厚太朗著、中央経済社

・『CFO 思考 日本企業最大の「欠落」とその処方箋』徳成旨亮著、ダイヤモンド社

・『「起業参謀」の戦略書 スタートアップを成功に導く「5 つの眼」と 23 のフレームワーク』田所雅之著、ダイヤモンド社

・『一倉定の環境整備 1 万社を復活させた経営の神髄』舛田光洋著、日本実業出版社

・『ハイパワー・マーケティング』ジェイ・ブラハム著・金森重樹監訳、ジャック・メディア

・『悪魔を出し抜け！』ナポレオン・ヒル著・田中孝顕訳、きこ書房

・『正解がない時代のビジョンのつくり方「自分たちらしさ」から始めるチームビルディング』三澤直加著、翔泳社

・『これ 1 冊でわかる！相手が納得する！中小企業の「値上げ」入門』北島大輔著、あさ出版

・『稲盛和夫の実学―経営と会計』稲盛和夫著、日本経済新聞出版社

・『続けられる人になるための 37 の「やめる」 脱・三日坊主で弱者でも勝てる』三浦孝偉著、ぱる出版

・『普通にやるだけやんか　オリを破った虎』岡田彰布著　Gakken

◆著者プロフィール◆

梅村　尚樹（うめむら　なおき）

UKパートナーズ代表取締役

中小企業・ベンチャー企業CFO

1973年生まれ。大阪府出身。京都産業大学経営学部卒。株式会社エフエンドエムにて中小企業オーナー社長を対象に会計、財務コンサルティングに13年間従事。2012年に独立。全国で累計1,000社を超える企業の決算書を分析し指導した経験から、多くの社長が決算をほとんど読めないことを痛感。会社の数字をとにかく簡単化して社長が必要なポイントだけを押さえるメソッドを確立。累計で500社を超える会社にハンズオンで指導した実績を持つ。人間力・営業力には自信があるけど数字だけは苦手、といった決算書嫌いなどんぶり勘定の社長に、シンプルな指導は効果を発揮し喜ばれている。CFOとして財務戦略指導を中心にバックオフィス全般、M&A、IPO、事業再生等の支援を行っている。

数字が苦手な中小企業経営者のためのファイナンス入門
売上そのまま利益が3倍アップする!　〈検印廃止〉

著　者　梅村 尚樹
発行者　坂本 清隆
発行所　産業能率大学出版部
東京都世田谷区等々力 6-39-15　〒 158-8630
（電 話）03（6432）2536
（FAX）03（6432）2537
（URL）https://www.sannopub.co.jp/
（振替口座）00100-2-112912

2025 年 3 月 30 日　初版 1 刷発行

印刷・製本／渡辺印刷

（落丁・乱丁はお取り替えいたします）　ISBN 978-4-382-15856-6